古人如何说话 元、明

夏川 编

长江出版传媒

崇文书局

图书在版编目（CIP）数据

古人如何说话．元、明 / 夏川编． -- 武汉 ：崇文
书局，2023.8
　（古代人的日常对话）
　ISBN 978-7-5403-7282-8

　Ⅰ．①古… Ⅱ．①夏… Ⅲ．①古汉语－元代－对外汉
语教学－教材②古汉语－明代－对外汉语教学－教材
Ⅳ．① H109.2

中国国家版本馆 CIP 数据核字（2023）第 099944 号

出 版 人：韩　敏
责任编辑：鲁兴刚
责任校对：魏红艳
封面设计：杨　艳
责任印制：李佳超

古人如何说话：元、明
GUREN RUHE SHUOHUA YUAN MING

出版发行：长江出版传媒｜崇文书局
地　　址：武汉市雄楚大街 268 号 C 座 11 层
电　　话：(027)87677133　　邮政编码：430070
印　　刷：武汉中科兴业印务有限公司
开　　本：880㎜×1230㎜　　1/32
印　　张：8.125
字　　数：140 千
版　　次：2023 年 8 月第 1 版
印　　次：2023 年 8 月第 1 次印刷
定　　价：42.00 元
（如发现印装质量问题，影响阅读，由本社负责调换）

目　录

听见古人说话

  如果回到古代，我们要怎样与当时的人对话呢？用语文教材中学过的文言文，就可以顺利和普通人沟通，完成住店、买东西这些事情吗？

  即便不考虑语音的变化，这大概率也是不行的。因为我们在学校所学的文言，大致以秦汉文章为标准，在随后的一千多年间变化不大，但人们日常使用的口语却在不断变化，二者的差距也就越来越大了。到了明朝，比如皇帝朱元璋用文言叙述自己的功绩是："朕以布衣入戎伍，愤生民涂炭，提孤军与豪杰同志者，思所以靖之。赖天之灵，因民之利，干戈所至，强殒弱服，大河之北，以际南海，罔不来臣。"但在给当时朝鲜半岛国君的圣旨中，他用白话，几乎同样的内容就变成了这样："我从二十四岁上，红军内住了三年，自家砌了些个军马，修了一座城子，海内打造了一万船只，后来各处城郭都收拾了。"文言、口语的差距可见一斑。在古代使用文言也许可以与饱学之士对话，但很难从没读过书的店主那里买一碗面。

那么，有没有记载古代人口语，最好是普通人口语的文献可供我们学习呢？我们可以在唐宋的语录、元代的杂剧、明清的白话小说中看到当时人如何说话。比如《朱子语录》中"孔门教人甚宽，今日理会些子，明日又理会些子，久则自贯通。如耕荒田，今日耕些子，明日又耕些子，久则自周匝"，就能让人想象朱熹是如何教导学生的。元杂剧《西厢记》中，一行人送张生赶考后，红娘对崔莺莺说："姐姐不曾吃早饭，饮一口儿汤水。"后者则回应道："红娘呵，甚么汤水咽得下！"

不过最基础、最全面的记载，当属朝鲜半岛、日本、琉球等地学习汉语的教材。元、明、清时期，东亚各国交流频繁，各个邻国前来中国朝觐、经商均需要懂中文的人随同，因此自然就有人编撰以实用性为主的汉语会话教材。这些教材包括《老乞大》《朴通事》《训世评话》《白姓官话》《官话指南》《唐话纂要》等，不仅生动保留当时汉语口语面貌，而且涉及普通人生活的方方面面，展现出真实又有趣的古代社会面容。

其中涉及元、明时期口语的，当以《老乞大》与《朴通事》为翘楚。"乞大"一般认为是"契丹"之意，"老乞大"即"老中国"，也就是"中国通"的意思。"通事"是"翻译"的古代称呼，"朴通事"即"朴姓翻译"的意思。这两种书的作者和成书年代都不详，一般认为编撰于元代，最初刊行于元代晚期（1423—1434），在明代初年（1480—1483）重新修订，其后又将汉字注音，刊行"谚解"本（参见李泰洙《〈老乞大〉四种版本语言研究》）。

在内容上，《老乞大》别树一帜，编撰了一个完整的故事：三四位高丽人前往北京卖马，路遇辽阳城一位姓王的商人。几人结伴一路前往北京，卖掉马匹、人参，并置办带回高丽的小商品，随后话别。整个故事全部以对话展开，涉及住店、借宿农家、日常习俗、讨价还价等，读起来趣味盎然。书中虚构的店家、农户，生动鲜活，如我们周边熟人一般。试看他们投宿客栈时的讨价还价（此处为便理解，改动个别字句，并添加说话者身份）：

王：黑豆多少一斗？草多少一束？

　　店：黑豆五十个钱一斗，草一十个钱一束。

　　王：是真个么？你却休瞒我。

　　店：这大哥甚么言语？你是熟客人，咱们便是自家里一般，我怎么敢胡说！怕你不信时，别个店里试商量去。

　　王：我只是这般说。

　　"你别骗我""不信你去别家问问""我就是说说"。我们现在讨价还价时，也依然重复着类似的对话。他们投宿农家时，则是这样交流：

　　农：客人们有一个看着马，不曾来吃饭。兴儿，你另盛一碗饭，罐儿里将些汤，跟着客人去，与那个伙伴。吃了时，却收拾家事来。

　　王：主人家哥休怪，小人们这里定害。

　　农：有甚么定害处？吃了些淡饭，又没甚好茶饭。

　　王：休那般说，不当有。"饥时得一口，强如饱时得一斗。"俺正饥渴时，主人家这般与茶饭吃，怎生忘的怎？

　　农：休那般说。偏俺出外时顶着房子行？也

索投人家寻饭吃哩。却不说："好看千里客，万里要传名。"

王姓商人说自己给主人家添了麻烦（定害），农户则大度地说"吃了些淡饭，又没甚好茶饭"，也正如我们今天做客时的寒暄。"偏俺出外时顶着房子行"，则让人忍俊不禁。没有人出门会把房子顶在头上，把整个家带着吧。这些温情的言语，是中国老百姓千百年来善良好客、温和待人的极佳写照。

相比于完整有序，稍偏向于经商的《老乞大》，《朴通事》则与我们初高中的外语教材相似，全书由许多场景对话构成，比如结婚送礼、拜会他人、日常买卖、打情骂俏、书写文契等。这些场景涵盖更广，也提供大量词汇，学习者大概也像我们学习外语一样，需要将其全文背诵。试举两例（为便理解，这两处也添加说话者身份）：

主人：听的卖菜子的过去么？买些菜子儿，后园里种时好。夜来个都收割了麻，种菜来。麻骨一边收拾下着用着。

仆人：种甚么菜来？

主人：萝卜、蔓菁、莴苣、葵菜、白菜、赤根菜、园荽、蓼子、葱、蒜、韭、荆芥、薄荷、茼蒿、水萝卜、胡萝卜、芋头、紫苏都种来。

紫苏这厮好吃，把那叶儿摘了，着线串上，吊在一壁厢一冬里熬吃好。水芹菜也修理的好着。叫将翠儿、春喜来，拔野菜去。拔将小蒜、田菁、荠菜、芒荇，都拔将来，把芒荇来煮吃。那厮，你西园里种些冬瓜、西瓜、甜瓜、插葫、稍瓜、黄瓜、茄子。着那丫头菜市里买将些山菜来。买些拳头菜、贯众菜、摇头菜、苍术菜来，我们大家尝新。那厮，把菜园修理的好，休嫌生受，古人道："无功食禄，寝食难安。"

在关于种菜的对话中，我们可以看到明代中国各种蔬菜的名字，大部分与现在一样。而在下面这段对话中，我们则可以看到《老乞大》中没有的猜谜片段：

甲：大哥山上擂鼓，二哥来来去去，三哥待要分开，四哥待要一处。

乙：我猜大哥是棒锤，二哥是运斗，三哥是剪子，四哥是针线。你再说我猜着。

《老乞大》现存版本中，较古的版本保留了元代北方口语面貌，谚解本则体现了明代口语风格，所以本书将二者一起收录，在书页下方标注"古本××""谚解××"，并调整内文段落，以期在对比中看到从元至明的口语变动。底本方面，古本据韩国南权熙教授所发现的古本影印本，见《朝鲜时代汉语教科书丛刊》第二册；谚解本据韩国奎章阁丛书第九《老乞大谚解》，也见《朝鲜时代汉语教科书丛刊》第二册；《朴通事》据汉城亚细亚文化社1973年影印本《朴通事谚解》，见《朝鲜时代汉语教科书丛刊》第三册。

整理时使用简体、正字、新字形，个别明显错误的地方直接改正。为便理解，我们将《老乞大》及《朴通事》的对话基本上分作两句或三句一组，以空行隔开，并为《老乞大》增添说话者身份，比如以"王"代指王姓商人，以"高"代指高丽商人等，并括注解释性文字。我们还按内容性质、难易程度调整《朴通事》中场景的前后位置，加上小标题。不过，以今天的规范来看，文中依然有很多别字、俗语，但我们相信读者诸位朗读出来时，便能理解其为何意。期待读者能由此对古人日常生活感兴趣。

古本老乞大

王：伴当（伙伴），恁从那里来？

高：俺从高丽王京来。

王：如今那里去？

高：俺往大都去。

王：恁几时离了王京？

高：俺这月初一日离了王京。

王：既恁这月初一日离了王京，到今半个月，怎么才到的这里？

高：俺有一个伴当落后了来，俺沿路上慢慢的行着等候来。为那上，迟了来。

王：那伴当如今赶上来那不曾？

高：这个伴当便是，夜来才来到。

王：怎这月尽头到的大都那到不得？

高：知他，那话怎敢道？天可怜见，身己安乐呵，也到也者。

王：怎是高丽人，却怎么汉儿言语说的好有？

高：俺汉儿人上学文书来的上头，些小（略微）汉儿言语省的有（"有"，表示时态的助词，无实义）。

王：你谁根底（向谁）学文书来？

高：我在汉儿学堂里学文书来。

王：你学甚么文书来？

高：读《论语》《孟子》《小学》。

王：怎每日做甚么工课？

高：每日清早晨起来，到学里，师傅行受了生文书。下学到家，吃饭罢，却到学里写仿书。写仿书罢对句，对句罢吟诗，吟诗罢师傅行讲书。

王：讲甚么文书？

高：讲《小学》《论语》《孟子》。

王：说书罢，更做甚么工课？

高：到晚，师傅行撤签背念书。背过的，师傅与免帖一个；若背不过时，教当直学生背起，打三下。

王：怎生是撤签背念书？怎生是免帖？

高：每一个竹签上写着一个学生的姓名，众学生的姓名都这般写着，一个签筒儿里盛着。教当直学生将签筒来摇撼动，内中撤一个。撤着的，便着那人背书。背念过的，师傅与免帖一个。那免帖上写着"免决三下"，师傅上头画着押字。若再撤签试不过，将出免帖来毁了，便将功折过免了打。若无免帖，定然吃三下。

王：你是高丽人，学他汉儿文书怎么？

高：你说的也是。各自人都有主见。

王：你有甚么主见？你说我试听咱。

高：如今朝廷一统天下，世间用着的是汉儿言语。咱这高丽言语，只是高丽田地里行的。过的义州，汉儿田地里来，都是汉儿言语。有人问着，一句话也说不得时，教别人将咱每做甚么人看？

王：你这般学汉儿文书呵，是你自意里学来那，你的爷娘教你学来？

高：是俺爷娘教我学来。

王：你学了多少时？

高：我学半年有余也。

王：省的那省不的？

高：每日和汉儿学生每一处学文书来的上头（上头，在句尾表示前文是后文的原因），些小理会的有。

王：你的师傅是甚么人？

高：是汉儿人有。

王：多少年纪？

高：三十五岁也。

王：耐繁教那，不耐繁教？
高：俺师傅性儿温克，好生耐繁教。

王：恁那众学生内中，多少汉儿人，多少高丽人？
高：汉儿、高丽中半。

王：里头也有顽的么？
高：可知有顽的。每日学长将那顽学生师傅行呈着，那般打了呵（呵，表示假设或条件），则是不怕。汉儿小厮每（们）很顽，高丽小厮每较争些个。

高：伴当，恁如今那里去？
王：我也往大都去。

高：既恁投大都去时，俺是高丽人，汉儿田地里不惯行。你把似（不如）拖带俺做伴当去不好那？
王：那般者（那么），咱每一处去来（来，意为"吧"）。

高：哥哥你贵姓？

王：我姓王。

高：本家在那里住？
王：我在辽阳城里住。

高：恁大都为甚么勾当（事情）去？
王：我将这几个马卖去。

高：那般呵，更好。俺也待卖这几个马去。更这马上驮着的些小毛施、帖里布，一就待卖去。
王：既恁卖马去呵，咱每恰好做伴当去。

高：哥哥曾知得大都马价如何？
王：近有相识人来说，马的价钱这其间也好。似这一等的马卖五定之上，这一等的马卖四定之上。

高：曾知得布价高低？
王：布价如常，往年的价钱一般。

高：大都吃食贵贱？
王：俺那相识人曾说，他来时六两一斗粳（jīng）米，五两一斗小米，十两十三斤面，二两半一斤羊肉。

高：似那般时，俺年时也在大都来，价钱都一般。咱每今夜那里宿去？

王：咱每往前行的十里来田地里，有个店子，名唤瓦店。咱每到时，或早或晚则那里宿去。若过去了呵，那壁（那边）有二十里地无人家。

高：既那般呵，前不着村，后不着店也。咱每则迭（到）那里宿去。

王：到那里便早时也好，咱每歇息头口，明日早行。

高：这里到大都有几程地？

王：这里到大都则是有五百里之上。天可怜见，身己安乐呵，更着五个日头到也者。

高：咱每到时，那里安下去便当？

王：咱每则投顺承门官店里下去来。那里就便投马市里去很近。

高：你道的是，我也心里那般想着有。你说的恰和我意同，则除那里好。但是直东去的客人每别处不下，都在那里安下。俺年时也在那里下来，很便当。

　　王：你这几个头口（牲口），每夜吃的草料通该多少钞？

　　高：这六个马每一个五升料、草一束，通算过来，盘缠着五两钞。这六个马每夜吃的草料不等：草料贵处，盘缠六七两钞；草料贱处，盘缠四五两钞。

　　王：这个马也行的好？

　　高：可知有几步慢窜。除了这个马，别个的都不甚好。

　　王：你这马和布子到大都卖了时，却买些甚么行货，回还高丽田地里卖去？

　　高：俺往直南济宁府东昌、高唐，收买些绢子、绫子、绵子回还王京卖去。

　　王：到恁那地面里，也有些利钱么？

　　高：那的也中。俺年时根着汉儿伴当到高唐，收买些绵绢将到王京卖了，也觅了些利钱。

　　王：恁那绫、绢、绵子，就地头多少价钱买来，到王京多少价钱卖？

　　高：俺买的价钱，薄绢一匹十七两，打染做小红里绢。绫子每匹二十五两，染做鸦青和小红。绢子每匹染钱三两。绫子每匹染钱，鸦青的五两、小红的三两。更绵子每两价钱一两二钱半。到王京，绢子一匹卖五综麻布三匹，折钞三十两。绫子一匹，鸦青的卖布六匹，折钞六十两；小红的卖布五匹，折钞五十两。绵子每四两卖布一匹，折钞十两。通滚算着，除了牙税缴计外，也觅了加五利钱。

　　王：你自来到大都卖了行货，却买绵绢到王京卖了，前后住了多少时？

　　高：俺从年时正月里将马和布子到大都卖了，五月里到高唐，收起绵绢，到直沽里上船过海，十月里到王京。投到年终，行货都卖了，又买了这些马并毛施布来了。

　　王：这三个伴当是你亲眷那，是相合来的？都不曾问姓甚么。

　　高：这个姓金，是小人姑舅哥哥。这个姓李，是小人两姨兄弟。这个姓赵，是俺街坊。

王：你是姑舅弟兄，谁是舅舅上孩儿，谁是姑姑上孩儿？

高：小人是姑姑生的，他是舅舅生的。

王：恁两姨弟兄，是亲两姨那，是房亲两姨？

高：是亲两姨弟兄。俺母亲是姐姐，他母亲是姊妹。

王：恁既是姑舅、两姨弟兄，怎么沿路秒语不回避？

高：俺高丽体例，亲弟兄也不隔话，姑舅、两姨更那里问！

王：咱每闲话且休说。兀那（那个）店子便是瓦店，寻个好干净店里下去来，歇住头口者。街北这个店子是俺旧主人家，咱每则这里下去来。

王：拜揖主人家哥。

店：嗳，却是王大哥！多时不见，好么好么？你这几个伴当从那里厮（相、相互）合将来？

王：俺沿路相合着，做伴当大都去。你这店里草料都有那没？

店：草料都有。料是黑豆，草是秆草。

王：是秆草好。若是稻穰（ráng）时，这头口每多有不吃的。黑豆多少一斗，草多少一束？

店：黑豆二两半一斗，草一两一束。

王：是真个么？你却休瞒俺。

店：这哥哥甚么言语？你是熟客人，咱每便是自家里一般。俺怎么敢胡说？怕你不信时，别个店里试商量去。

王：尽教，俺则是这般道。俺通是十一个马，量着六斗料与十一束草者。这镬刀钝，不快，若干草几时切得了？主人家，别处快镬刀借一个去。

店：那般者，我借去。（片刻之后）这镬刀是俺亲眷家的，不付能哀告借将来，风刃也似快。恁小心些使，休损了他的。

王：这伴当，你过的草忒粗，头口每怎生吃的？好生细细的过者。这伴当，你敢不会煮料的法度？你烧的锅滚时，下上豆子。但滚的一霎儿，将这切了的草，豆子上盖覆了，休烧火，气休教走了，自然熟也。

店：客人每，恁打火那不打火（旅途中吃饭）？

王：俺不打火喝风那甚么？你疾快做着五个人的饭者。

店：恁吃甚么饭？

王：俺五个人打着三斤面的饼者，俺自买下饭去。

店：那般者，你买下饭去时，这间壁肉案上买猪肉去，是今日杀来的好猪肉。

王：多少一斤？

店：一两半一斤。

王：恁主人家一就与俺买去，买着一斤肉者。休要底似肥的，带胁条肉买者。大片儿切着将来爨（cuàn）者。主人家迭不得时，咱每伴当里头教一个自爨肉。

高：俺是高丽人，都不会爨肉。

王：有甚么难处？刷了锅者，烧的锅热时，着上半盏清油。将油熟过，下上肉，着些盐，着箸子搅动。炒的半熟时，调上些酱水、生葱、料物（调料）打拌了，锅子上盖覆了，休着出气。烧动火，暂霎儿熟也。

高：这肉熟也。恁试尝咸淡如何？

王：我试尝微微的有些淡，着上些盐者。

王：主人家，饼了也那不曾？

店：待了也。恁放桌儿先吃，比及吃了时，俺也了也。

王：主人家，俺明日五更头早行也。咱每算了房、火钱者。俺这一宿人马，盘缠通该多少？

店：恁称了三斤面，每斤七钱半，计二两二钱半；切了一斤猪肉，该一两半；四个人每人打火、房钱一两，计四两；黑豆六斗，每斗二两半，计一十五两；草十一束，每束一两，计十一两。通该三十三两七钱半。

王：俺草料、面都是你家里买来的，你减了些个如何？

店：尽教，去了那三两七钱半零的者，只将三十两来。

王：既这般的呵，伴当，恁三个一就都出过者。记着数目，到大都时，一发打算。那般者，俺都与他。

王：伴当，你将料捞出来，冷水里拔着，等马大控一会，慢慢的喂者。初喂时，则将料水拌与他，到五更一发都与料吃。那般时，马每分外吃得饱。若是先与料呵，那马则拣了料吃，将草都抛撒了。更困里休饮，等吃一和草时饮。咱每各自睡些个，厮轮着起来勤喂马。今日是二十二，五更头正有月明也。鸡儿叫，起来便行。

王：主人家，点个灯来，俺拂绰睡处。

店：兀的（这、这个）灯来也，壁子上挂者。

王：这般精土炕上怎生睡？有甚么蒿荐，将几个来。

店：大嫂，将蒿荐、席子来，与客人每铺。

嫂：席子无，兀的三个蒿荐与恁铺。

王：主人家，恁种着火者，俺明日五更头早行也。

店：那般者，客人每歇息。俺照觑了门户睡也。

王：来，来，且休去。我问你些话。我先番大都来时，你这店西约二十里来地，有一坐桥塌了来，如今修起来那不曾？

店：早修起了也。更比在前高二尺、阔三尺，如法好有。

王：那般呵，俺明日早则放心的去也。

店：你底似的休早行，俺听得前头路涩有。

王：为甚么这般的歹人有？

店：恁偏不理会的（你不知道）。从年时天旱，田禾不收，饥荒的上头，生出歹人来。

王：碍甚事！俺则是赶着这几个马，又无甚么钱本，那厮每待要俺甚么？

店：休那般说。贼每怎知你有钱没钱？小心必胜。俺这里前年六月里，有一个客人，缠带里装着一卷纸，腰里拴着，在路傍树底下歇凉睡。被一个贼到那里见了，则道是腰里缠带里是钱物，生起歹心来，就那里拿起一块大石头，投那人头上打了一下，打出脑浆来死了。那贼将那人的缠带解下来看呵，却是纸，就那里撒下走了。官司检了尸，正贼捉不住，干把地主并侧近平人涉疑打拷。后头别处官司却捉住那贼，发将来，今年就牢里死了。

年时又有一个客人，赶着一头驴，着两个荆笼子里盛着枣儿，驼着行。后头有一个骑马的贼，带着弓箭根（跟）着行。到个酸枣林无人处，那贼将那客人脊背上射了一箭，那人倒了。那贼则道是死了，便赶着那驴往前行。那客人射的昏了，苏醒回来，恰好有捕盗官来那里巡警，那客人就告了。捕盗官将着弓兵，往前赶到约二十里地，赶上那贼。捉拿其间，那贼便将一个弓手放箭射下马来，那贼往西走马去了。捕盗官袭将去，到个村里，差了一百个壮后生，将着弓箭器械，把那贼围在一个山峪里，才拿着回来。觑那射着的弓手，那人左胳膊上射伤，不曾伤了性命。如今那贼现在官司牢里禁着有。

王：既这般路涩呵，咱每又无甚么忙勾当，索甚么（要什么）早行？等到天明时慢慢的去，怕甚么？

店：道的是。依着恁，天明时行。安置，安置！客人每好睡者。

王：主人家且休去，俺又忘了一件勾当。俺这马每不曾饮（yìn）水里。等一会控到时饮去，井在那里有？

店：兀那家后便是井。

王：有辘轳那无？

店：浅浅的井儿，则着绳子拔水。井边头更有饮马的石槽儿。

王：既这般呵，你收拾帖落（盛水罐）、井绳出来。

店：井边头帖落、井绳都有。我更嘱咐恁些话：那帖落不吃水，恁不会摆时，帖落上拴着一块砖头者。

王：那的俺自会的，索甚么你教？

王：咱每厮轮着起来勤喂马。常言道："马不得夜草不肥，人不得横财不富。"却休槽儿平直到明。咱每拌上，马吃一和草时饮水去。

高：盛草的筐儿也没，着甚么将的草去？

王：既没时，且着布衫襟儿抱些草去，我将料水去。

高：这主人家好不整齐，搅料棒也没一个！疾快取将咱每拄杖来搅料。

王：且房子里坐的去来。一霎儿马吃了这和草，饮水去。（片刻）马敢吃了草也，饮去来。

王：咱每都去了时，这房子里没人，敢不中。留一个看房子，别个的牵马去来。

高：碍甚事？这店里都闭了门子也，待有甚么人入来？

王：休那般说，小心必胜。常言道："常做贼心，莫偷他物。"你自依着我，留一个看房子。

高：那般者，咱每留谁看房子？

王：恁三个里头，着这老的看者。"三人同行小的苦"，咱每三个去来。这胡洞窄，牵着马多时过不去，咱每做两遭儿牵。那般者，你敢惯打水？

高：俺不惯打水，你先打水去，俺两个牵马去。

王：那般者，我打水去，恁将马来。

高：我恰才这槽儿里头拔上两帖落水也，着马吃。这个马好吃水，这个马吃水细。这水小，再打上一帖落者。将帖落来，我试学打。（片刻）这帖落是不吃水，怎生得倒？

王：我教与你：将帖落提起来，离水面摆动倒，撞入水去，便吃水也。

高：这般时，真个在前曾见人打水，终不曾学，从今日理会得也。

王：你高丽田地里无井那，怎么？

高：俺那里井不似这般井。这井是砖瓷的井，至小有二丈深。俺那里井都是石头垒的，最深杀的没一丈，都是七八尺来深有。俺那里男子汉不打水，则是妇人打水。着个铜盔，头上顶水，各自将着个打水的瓢儿，瓢儿上拴着一条细绳子，却和这里井绳、帖落一般取水有。

王：却怎么那般打水？我不理会得。我则道是和俺这里一般打水有。怎牵回这马去，再牵将别个的来饮。

高：这马都饮了也。这般黑地里，厕屋里难去。咱每则这后园里去净手不好那？

王：我拿着马，怎净手去，我不索净手。怎离道儿者，休在路边净手。下明日着人骂去里。

高：咱每一个人牵着两个去，拴的牢者。这槽道好生宽有，厮离的较远些儿拴，又恐怕绳子厮扭着。

王：疾快将草料来，拌上者。尽教则教吃者（尽着让它吃），咱睡去来。

王：伴当每起来！鸡儿叫第三遍也，待天明去也。咱急急的收拾了行李，鞴（bèi）了马时，大明也，辞了主人家去来。

王：主人家哥休怪，俺去也。

店：恁休怪，好去者。回来时，却来俺店里下来。

王：这桥便是我夜来说的桥，比在前很好有。在先则是土搭的桥来，如今都是板幔了。这桥梁、桥柱比在前很牢壮。阿的挨十年也坏不得。

王：日头这般高也，前头又无甚店子，咱每则投兀那人家，籴些米自做饭吃去来。

高：那般者，肚里好生饥也，咱每去来。

王：这马都卸下行李，松动肚带，取了嚼子，这路傍边撒了，着吃草者。教一个看者，别的都投这人家问去来。

王：主人家哥，俺几个行路的人，这早晚不曾吃早饭，前头又无甚店子，俺特的来，怎生籴与些米做饭吃。

农：索甚么籴（dí）米？俺的饭熟也，客人每吃了过去。

王：这般时，敢（可能）少了恁饭。

农：不碍事。便少时，俺再做些个便是。将桌儿来，教客人每则这棚底下坐的吃饭。淡饭胡吃（随便吃）些个。有甚么熟菜蔬，将些来与客人吃。怕无时，有萝卜、生葱、茄子将来，就将些酱来。

妻：别个菜都无，兀的有盐瓜儿与客人吃。

农：也好，将来。客人每休怪，胡吃。

王：小人每骤面间厮见，哥哥便这般重意，与茶饭吃，怎么敢怪？

农：量这些淡饭系甚利害？偏俺不出外？出外时，也和恁一般。

王：哥哥道的是。"惯曾出外偏怜客，自己贪杯惜醉人。"

农：恁外头更有伴当么？

王：有一个看行李，就放马里。

农：他吃的饭却怎生？

王：尽教。俺吃了时，与他将些去。有碗与一个，这饭里盛出一碗饭，与那个伴当。

农：由他，恁都吃了者。家里更有饭里，吃了时将去。恁休做客，慢慢吃的饱者。

王：俺是行路的客人，更待做甚么客！

农：吃得饱那不饱？

王：俺好生饱了，收拾碗碟者。

农：客人每有一个看着马，不曾来吃饭。兴儿，你另盛一碗饭，罐儿里将些汤，跟着客人去，与那个伴当。吃了时，却收拾家事来。

王：主人家哥休怪，小人每这里定害（麻烦）。

农：有甚么定害处？吃了些淡饭，又没甚好茶饭。

王：休那般说，不当有。"饥时得一口，强如饱时得一斗。"俺正饥渴时，主人家这般与茶饭吃，怎生忘的怹？

农：休那般说。偏俺出外呵，顶着房子行那？也索投人家寻饭吃里。却不说："好看千里客，万里要传名。"

王：主人家哥，小人这里溷（hùn）践了，姓也不曾问。哥哥贵姓？

农：俺姓张，是张社长家。伴当，你却姓甚么？

王：小人姓王，在东京城里阁北街东住。哥哥因事到东京不弃嫌小人呵，是必家里来。

农：那般者，去时节便寻恁家里去。俺偏背你那？

王：兀那人家，俺恰才籴米去来，不肯籴与，他每做下的见饭与俺吃了，更与你将来。你吃了时，与这小的碗碟将去。伴当，你赶将马来，咱每打驼驮。比及驼了时，他也吃了饭也，咱每便行。

王：这个马怎么这般难拿？
高：元来这般的。既这般歹时，再来着绊者。

王：俺在前绊着来，今日忘了，不曾绊。
高：咱每众人邀当着拿住者。

王：驼驮都打了也，咱每行者。小的，你将碗碟、罐儿去。生受（麻烦）你，休怪者。

王：日头却早这早晚也。这里到夏店演里有十里来地，到不得也，则投这路北兀那人家，寻个宿处去来。
高：那般者，咱每去来。

王：都去时，那人家见人多时，不肯教宿。着两个看行李，俺两个问去。

王：拜揖主人家哥。俺是客人，今日晚也，恁房子里觅个宿处。

农：俺房子窄，无处安下，恁别处寻宿处去。

王：你这般大人家，量俺两三个客人，恰便下不得那？恁好房子里不教俺宿时，则这门前车房里教俺宿一夜如何？

农：俺不是不教恁宿。官司排门粉壁（张贴法令），不得安下面生歹人。恁知他是那里来的客人？自来又不曾相识，怎知是好人歹人，便怎么敢容留安下恁？

王：主人家哥，俺不是歹人。小人在东京城里住，现将印信文引。

农：恁在东京城里那些个住？

王：小人在东京城里阁北街东住。

农：离阁有多少近远？

王：离阁有一百步地向街，那北巷里向街开杂货铺儿便是。

农：那杂货铺儿是恁的那？近南隔着两家儿人家，有个酒馆，是我相识的，你认的么？

王：那个是刘清甫酒馆，是俺街坊，怎么不认的？

农：虽然这般呵，房子委实窄，宿不得。

王：恁可怜见。恁识者，这早晚日头落也，教俺那里寻宿处去？不拣怎生，俺宿一宿。

农：这客人怎么这般硬厮战！如今官司好生严，省会人家，不得安下面生歹人。恁虽说是东京人家，我犹自不敢保里！更恁这几个伴当样范，又不是汉儿，又不是达达，知他是甚么人！我怎么敢留恁宿？恁不理会的，新近这里有一个人家，则为教几个客人宿来，那客人去了的后头，事发，那人每却是达达人家走出来的躯口。因此将那人家连累，官司见着落根寻逃躯有。似这般带累人家，怎么敢留恁宿？

王：主人家，恁说那里话！好人歹人更不认的那？这几个伴当，他是高丽人，从高丽田地里来。他每高丽田地把口子、渡江处官司，比咱每这里更严，验了文引，仔细的盘问了，才放过来。他每若是歹人，来历不明呵，怎生能勾（够）到这里来？他见将文引，赶着高丽马，

投大都做买卖去。底似的汉儿言语说不得的上头，不敢
言语。他每委实不是歹人。

农：既这般的呵，休则管的战张（别只管纠缠）。
后头房子窄，老小更多，又有个老娘娘不快。你不嫌冷
时，则这车房里宿如何？

王：那般者，俺则车房里宿。

王：主人家哥，小人更有一句话，敢道么？

农：有甚么事？你说。

王：这早晚黑夜，俺其实饥也，又有几个马。"一
客不犯二主"，怎生可怜见，粜（tiào，卖）与俺一
顿饭的米和马草料如何？

农：俺这里今年夏里天旱了，秋里水涝了，田禾
不收的上头，俺也旋籴旋吃里，那里将籴的米来？

王：俺从早起吃了些饭，到这早晚不曾吃饭里，好
生的饥也。你籴来的米里头那与些个，俺则熬些粥吃。
兀的二两半钞，从恁意与些个。

农：二两半钞，与恁多少呵是？

王：由你，但与的是数。

农：今年为旱涝不收，十两钞籴的一斗米。俺本无粜的米，既恁客人则管的厮央，俺籴来的米里头那与恁三升，煮粥胡充饥。客人每休怪，其实来今年生受。若是似往年好收时，休道恁两三个人，便是十数个客人，也都与茶饭吃。

王：主人家哥说的很是。俺也打听得，今年这里田禾不收。既这般呵，主人家哥，小人每待后头熬粥去，这早晚黑地里出入不便当，更恁这狗每乖，不拣怎生，恁与俺做些个粥如何？

农：尽教。恁客人则这车房里安排宿处，我着孩儿每做将粥来与恁吃。

王：好，好，多谢多谢！

王：主人家哥，更有一句话：人吃的且有些个，这马每却怎生？一就那与些草料如何？

农：客人每说甚么话？人吃的也没，更那里将马的草料来？俺这家前院后，有的是草场。恁吃了饭时，着两个赶着马那里放去，头明，不吃的饱了那？索甚么籴草料？

王：那般者，哥哥道的是。俺车房里去无甚明火，教小孩儿将些个灯来。

农：那般者，如今教将来。

王：咱每吃了饭时，这里留两个看行李，先着两个放马去。到半夜前后，却着这里的两个替回来。大家得些睡呵，明日不渴睡。

农：兀的灯来，更有粥将来也。匙、碗都有，你则吃者。

王：咱每饭也吃了。恁两个先放马去，到半夜里，俺两个却替想去。

王：我恰才睡觉了，起去来。参儿（参星，主要为猎户座）高也，敢到半夜也。我先去替那两个来睡，你却来那里，咱每两个看着马。

高：那般者，适去。

王：恁两个去睡些个。到那里时，教那个伴当来者。

高：你来也！你邀过马来，在一处者，容易照觑。月黑也，恐怕迷失走了，误了路子。

王：明星高也，天道待明去也。咱每赶将马去来，到下处收拾了行李时，恰明也。这马每都拴住者，教那两个起来。

高：恁两个疾快起来，收拾行李打驼驮。但是咱每行李收拾到者，主人家的东西休错将去。

王：驼驮都打了也。叫唤主人家，辞了去来。

王：主人家哥休怪，俺去也。这里定害了。

农：恁有甚么定害处？恁休怪，好去者。

王：咱每前头到夏店时，买饭吃了，尽晚到大都去也。

高：这里到夏店有多少近远？

王：敢有三十里多地。

高：你夜来怎么说十里来近远，今日却怎么说三十里地？

王：我夜来错记了来。今日再想起来，有三十里多地。咱每休磨拖，趁清凉，就马每吃的饱时，赶动者。

高：日头却早这早晚（已经这么晚）也。兀那望着的黑林子便是夏店。这里到那里，演里有七八里路。你在先也曾大都去来，怎么不理会的？

　　王：这夏店俺是曾走了一两遭，都忘了，那里记得来？

　　王：店子待到也。咱每吃些甚么茶饭好？
　　高：俺高丽人不惯吃湿面，咱每则吃干物事如何？

　　王：那般者，咱每买些烧饼，爨些肉，吃了过去。
　　高：咱每这里当住马拴者，卸下行李，这饭店里去来。

　　王：问客（小二），先将一碗温水来，俺洗面皮。
　　店：客人每洗了面也。

　　王：卖物，抹桌儿。
　　店：客人吃些甚么茶饭？
　　王：俺四个人，爨着一两半羊肉，将二两烧饼来。这汤淡，有盐酱将些来，俺自调和吃。这烧饼，一半儿冷，一半儿热。热的留下者，俺吃。这冷的你将去，炉里热着将来。

王：咱每饭也吃了也，与了饭钱去来。卖物，来回钞。通该多少？

店：二两烧饼，一两半羊肉，通是三两半。

王：兀的五两钞，贴一两半来。

店：这一两半没些眉眼（意指纸钞污损），使的么？

王：好钞有，你将去。这钞大都做料钞使。

王：咱每打驼驮行。

王：日头正晌午也，有些热。早来吃了干物事，有些干渴。前头不远，有个草店儿，到那里咱每吃几盏酒解渴。歇住头口者，暂时间卸下行李来，吃几盏酒便过去。

王：量酒，打将二两钞的酒来。

店：客人每，兀的有二两钞的酒。

王：好酒么？

店：好酒，你试尝。酒不好，不回钞。

王：胡吃的过去。有甚么好菜蔬，将些个来。

店：那般者，有盐瓜儿，如今便将来。客人每，热吃那凉吃？

王：尽教，休旋去，俺则凉吃。

高：哥哥，先吃一盏，哥哥受礼。

王：你敢年纪大，怎么受礼？

高：哥哥，你贵寿？

王：小人年纪三十五岁。

高：小人才三十二也。哥哥，你年纪大，受礼。

王：小人虽年纪大，怎么便受礼？咱每都起来，大家容易。

高：那般者，教你受礼，坚执不肯。满饮一盏，休留底酒。

王：咱每都休讲礼，吃一盏酒。

王：吃了酒也，回了酒钱去来。量酒，来回钞。兀的二两半钞，贴五钱来。

店：哥哥与一张儿好的。这钞无了字儿，怎么使的？

王：这钞嫌甚么？字儿、伯儿分明都有，怎么使不得？你不识钞时，教别人看去。

店：我怎么不识钞？索甚么教别人看去？换钞不折本。你自别换与一张儿便是也。索甚么合口？

王：这量酒也缠的坏了。阿的般钞，使不得？兀的一个一两半，一个五钱将去。

店：这一两半也昏（污损）。

王：你却休谎。恰早来吃饭处贴将来的钞。

店：尽教，胡留下者，便使不得也罢。

王：你要那话怎么？使不得呵，你肯要那？

王：打了驼驮着行。日头后晌也。这里离城有的五里路，着两个后头赶将头口来，我和一个伴当先去寻个好店安下处，却来迎恁。咱每先说拟定的，则投顺承门官店里下去。

高：那般者，你两个先去。俺两个后头慢慢的赶将头口去。

王：咱每疾快行动者。比及到那里寻了店时，那两个到来了也。

王：店主人家哥，后头更有几个伴当赶着几个马来也。你这店里下的俺么？

店：你通几个人？几个马？

王：俺通四个人，十个马。

店：车子有么？

王：车子没。

店：这般的时，下的恁。兀的东壁上有个稍房子空者里，你看去。

王：你引俺看去来。

店：俺忙，没功夫去，你则看去者。

王：误了你多少功夫？到那里看了房子，中不中，俺说一句话。

店：那般者，去来。

王：这房儿也下的俺。茶饭如何？

店：茶饭呵，俺店里小主人家新近出去了，委实无人打火。你客人每自做饭吃。

王：那般者，俺自做吃。锅灶碗碟都有么？

店：那的恁放心，都有。

王：那般呵，俺迎伴当每去。

店：你去者。

王：恁两个到这里多少时也？

高：俺才到这里，恰待寻恁去来，你却来了。店在那里？

王：兀那西头有。

王：行李都搬入来者。把马每松动者，且休摘了鞍子。你去问主人家索几个席子、蒿荐来，就带个苕帚来拂绰。行李且休搬入去。等铺了席荐时，一就搬入去。

店：客人每，你这马待要卖那？

王：可知俺卖。

店：你既卖时，也不索你将投市上去，则这店里有者，俺与恁寻主儿都卖了。

王：尽教，到明日再说话。

王：咱这马每路上来，每日供路子生受，喂不到，都没甚膘息。便将到市上，市上人也出不上价钱。咱每舍着草料，好生喂几日，发落也不迟里。

高：你道的是，我也心里那般想着有。俺更有人参、毛施、帖里布，明日打听价钱去来。有价钱时卖了者，怕底似的贱时，且停些时。

王：你那里打听去？

高：师傅店里有俺相识，那里问去。

王：那般者，到明日咱每一处去。你两个看着头口，俺两个到城里去便来。

高：拜揖哥哥，这店里卖毛施布的高丽客人李舍有么？

店：你寻他怎么？

高：俺是他亲眷，才从高丽田地来。

店：恰才出去了，投羊市角头去了。他说便来，你且出去，等一会再来。

高：既他羊市角头去呵，又不远，俺则这里等。

店：由你等者。

高：他在那个房子里下？
店：兀那西南角上，芭子门南壁，小板门儿便是。

高：他出去了，看家的有那没？
店：有个后生来。这里不见也，敢出去了。恁高丽田地里将甚么行货来？
高：俺将的几个马来。

店：更有甚么行货？
高：别没甚么，有些人参，毛施、帖里布。如今价钱如何？
店：价钱如常。人参正阙着，很好价钱。

高：如今卖的多少？
店：往年时则是一斤十五两。如今为没卖的，半定也没处寻里。你那参那里参？

高：俺的是新罗参。
店：新罗参呵更好，愁甚卖！

高：阿的不李舍来也？

李：好么，好么？几时来？家里都好么？

高：都安乐好有。

李：投俺下的房子里去来。请，请，里头坐的。你从几时离了王京？

高：俺七月初头离了。

李：却怎么这时间才来到？

高：俺沿路慢慢的来。

李：俺家里书信有那没？

高：书信有。

李：这书上写着无甚备细。你来时，俺父亲、母亲、伯父、叔父、伯娘、婶子、姐姐、姐夫、二哥、三哥、阿嫂、姊妹、兄弟每都安乐好么？

高：都安乐。

李：那般好呵。"休道黄金贵，安乐最直钱。"怪杀今日早起喜鹊儿噪，更有嚏喷来，果然有亲眷来，更有书信，却道"家书直万金"！小人拙妇和小孩儿每都安乐那？

　　高：都安乐。你那小女儿出班子（出痘）来，俺来时都完痊疴了。

　　李：你将甚么行货来？

　　高：俺将着几个马来。更有些人参，毛施、帖里布。如今价钱如何？

　　李：马的价钱和布价则依往常，人参价钱很好有。

　　高：道的是，恰才这店里那客人也这般说。

　　李：你有几个伴当？

　　高：更有两个伴当，都是亲眷，一个是姑舅哥哥，一个是两姨兄弟。

　　李：在那里下？

　　高：在顺承门官店街北一个车房里下着有。

　　李：从几时来到？

　　高：俺则夜来到。

李：这伴当是谁？

高：到东京这壁厢厮合着他也。有几个马，一处赶将来。他是汉儿人，在东京城里住。俺沿路来时，好生多得他济。俺汉儿言语不甚理会的，路上吃的、马匹草料以至安下处，全是这哥哥生受。

李：道的是。

高：俺且到下处去，再厮见。

李：且停些时，咱每聊且吃一盏酒，不当洗尘。

高：不索，今日忙，明日再厮见吃酒也不迟里。

李：那般呵，明日就店里寻你去，一就和那亲眷每一处吃一两盏。我送到你外头去。

高：索甚么你送？你这房里无人，不索去。

李：那般者，你却且休怪，小人没一礼馆待。

高：怪甚么？咱每一家里，又不是别人。

不多时却到店里，见店主人和三个客人立地看马。店主人道：这三个伴当，两个是买马的客人，一个是管牙人。你这马，他每都一发买将直南卖去。便将到市上，也则兀的是。"千零不如一顿"，则不如都卖与他每，倒快也。既你待卖时，咱每商量。

买：这个青马后生那老？

王：你则拿着觑牙根底。

买：我觑了也，下头没，上头边儿有，很老有。

王：你敢不理会的马齿岁？

买：这个马如何？

王：今春新骟（shàn，阉）了的，很壮马。

买：这好的歹的都一发商量。这曳剌马、骟马、赤马、黄马、燕色马、栗色马、黑综马、白马、黑马、灰马、土黄马、绣膊马、白脸马、五明马、桃花马、青骢马、豁鼻马、骒马、怀驹马、环眼马、乖骄马、烟熏马——这马牛行花塔步——宙行马、钝马、眼生马、撒蹶的马、前失的马、口硬马、口软马。这些马里头，歹的十个：一个瞎、一个跛、一个蹄歪、一个磨砚、一个打破脊梁、一个熟蹶、一个疥、三个瘦。则有五个好马。你这马，好的歹的、大的小的，相滚着要多少价钱？

王：一个家评了价钱，通要一百二十定钞。

买：你说这般价钱怎么厮合的？你则说卖的价钱，无来由这般高索甚么？

王：俺不是矫商量的。

买：你道的是呵，两三句话便成了交易。不争你这般胡索价钱，怎生的还呵是？

牙人道：伴当每，恁底似的休多索。恁两个枉了成合不得。我是个牙人，也不向买主，也不向卖主，我则依本分的中间说。你索一百二十定钞呵，这五个好马，十个歹马，恁评多少？

王：这五个好马，俺评五十定。这十个歹马，俺评七十定。

牙：似这般价钱，其实着落不得。我依着如今实直的价钱说与恁。两家依着我说，倒的去如何？

王：我试听你定的价钱。

牙：这五个好马，每一个评七定，计三十五定。这十个歹马，每一个评五定，计五十定。通做八十五定，成了去。

高：似你这般定价钱，就高丽田地里也买不得。那里是实买马的？则是胡商量的。

买：这个伴当，你说甚么话？不买时害风那？做甚么来这里商量？

王：这马，恰才牙人定来的价钱，犹自亏着俺有。

买：这般价钱不卖，你更待想甚么？

牙：你两家休自管叫唤。买的更添些个，卖的减了些个。更添五定，做九十定成交呵，天平地平。买主恁不着价钱，也买不得，卖主多指望价钱，也卖不得。

边头立地闲看的人道：这牙家说的价钱，很是本分的言语。

买：罢，罢。咱则依牙人的言语，成了者。

王：既这般时，价钱很亏着俺。只是一件，烂钞不要，与俺好钞。

买：那般者，烂钞也没，俺的都是好钞。

王：既是好呵，咱先检了钞，写契。

买：那般者，布袋里钞将来，都检了。着牙人先检了。你卖主自检，里头无一张儿歹的。

王：这钞虽是检了，假伪俺不识。恁使了记印者。已（以）后使不得时，俺则问牙人换。

买：那般者，使着印儿也。不拣几时管换。

王：文契着谁写？

买：牙家就写。

牙：这契写时，一总写那，一个家分开着写？

王：休总写。总写时，怎么发落？你各自写者。

牙：恁这马是一主儿那，是各自的？

王：一主儿的不是。这四个伴当是四个主儿，这马里头各自有数目。你从头写我的马契。

牙：你的马是家生的那，元买的？

王：我的是元买的。

牙：你在那里住，姓甚么？

王：我在辽阳城里住，姓王，写着王客者。

牙：我写了这一个契也。我读你试听：辽阳城里住人王客，今为要钱使用，别无得处，遂将自己元买到赤色骟马一匹，年五岁，左腿上有印记，凭大都管牙人羊市角头街北住坐马二作牙人，卖与直南府客人张五永远为主。两言议定，价钱中统钞七定，其钱立契日一并交足，外无悬欠。如马好歹，买主自见；如马来处不明，卖主一面承当。成交已后，各不许番悔。如先悔的，罚中统钞一十两与不悔之人使用。无词恐后无凭，故立此契为用者。某年月日。立契人王客，押。管牙人马二，押。

其余的马契都写了也。

牙：咱每算了牙税钱者。体例里买主管税，卖主管牙。你各自算将牙税钱来。

王：俺这八十五定价钱里，该多少牙税钱？

牙：你自算：一两三分，十两三钱，一百两该三两。八十五定钞计四千二百五十两，牙税钱各该着一百二十六两五钱。

牙税钱都算了也。

王：俺这马契，几时税得了？

买：那的不容易那？你着一个伴当根我去来，到那里便了。更不时，恁都则这里有者，我去税了，送将来与恁。

买：俺不曾好生觑，这个马元来有病。

牙：有甚么病？

买：兀的鼻子里摆齈（nòng）有，是瘵马。俺怎么敢买将去？不争将去时，连其余的马都染的坏了。

牙：这般的，你更待悔交那？

买：我是索不要。

牙：你既不要时，契上明白写着：如马好歹，买主自见，先悔的罚钞十两。"官凭印信，私凭要约。"你罚下他十两钞与他卖主，悔交去便是，索甚么烦恼？

那般者，你抬出这个马契来，问他每元定价钱内中，除了十两钞做罚钞，毁了文契者。

王：这个马悔交了也，该着五定价钱。你要过的牙税钱，各该着七两五钱，你却回将来。

买：那般者，回与你。你都这里有者，我税契去。

王：索甚么等你？俺赶着马，下处兑付草料去。你税了契时，到明日，俺下处送来。

相别散了。

王：你这人参、布匹不曾发落，敢有些时住里。我别无甚买卖，比及恁卖布的其间，我买些羊，到涿州地面卖去。走一遭回来，咱每商量别买行货如何？

高：那般者，也好。你买羊时，咱每一处去来，我也闲看价钱去。

到街上立地的其间，一个客人赶着一群羊过来。

王：伴当，你这羊卖么？

卖：可知卖里。你要买时，咱每商量。

王：这个羝（dī）羊、臊胡羊、羯（jié）羊、羖䍪（gǔ lì）羔儿、母羖䍪，都通要多少价钱？

卖：我通要六定钞。

王：量这些羊，索这般高价钱！好绵羊却卖多少？

卖：索的是虚，还的是实。你与多少？

王：你这般胡索价钱，我那些个还呵是？

卖：你道的是者。那般者，减了半定者。

王：你来。你休减了半定。我老实价钱，则一句儿还你：我与你四定钞，肯时卖，你不肯时赶将去。

卖：休四定，你更添半定，卖与你。

王：添不得。肯时肯，不肯时罢。

卖：我是快性。捡好钞来，临晚也，贱合杀卖与你。

王：恁好坐的者。我赶着羊，到涿州卖了便回来。我恰寻思来，这几个羊也当走一遭？既待去也，余剩有些钞里，闲放怎么？一就买段子将去。

高：咱每铺里商量去来。

王：这茶褐暗花、鸦青胸背、象牙底儿胸背、六花暗花遍金荅子、云肩暗花、和织、和素、红绫生绢、红里绢、绵绸、丝绸、销金段子、披毡、毡衫、油单、罟罟、裁帛腰线、鸦青、鸭绿、柳青、大红、小红、肉红、桃红、茜红、银褐、鹅黄、金色茶褐、麝香茶褐、酒浸茶褐、紫绔丝、红腰线袄子。

（以下《老乞大谚解》多了八句对话。）

店：这段匹，你都看了也，你端的待买甚么段子？

王：别个不要。鸦青金胸背段子和这和织、和素。俺老实对你说，俺自穿的不是，要将投乡外转卖，觅些利钱去。你老实索价钱。

店：这金胸背三定，和织九十两，和素五十两。

王：你休这般胡索，倒隔了你买卖。俺不是利家，这段子价钱俺都知道。这金胸背是草金，江南来的，你索三定呵，这服地真金的却卖多少也？

店：不索多说。你既知道价钱，你与多少价钱？

王：这金胸背两定，和织七十两，和素四十两，是实实的价钱。你肯时我买，不肯时，俺别处商量去。

店：既你知道价钱，索甚么多说？捡好钞来，卖与你。

王：这段子买了也。咱每更商量，这个紫绞丝段子到多少尺头？句（够）做一个袄子么？

店：你说甚么话？满七托有。官尺里二丈八，裁衣尺里二丈五。你一般身材做袄子呵，细褶儿尽句（够）也。若做直身袄子，有剩。

王：你打开，我试托。那里满七托？刚刚的七托有。

店：你身材大的人，一托比别人争多。

王：这段子地头是那里的？

店：你道是"我识行货"，却又不识。这段子外路的，不是服地段子有。你仔细看，没些个粉饰，好清水段子。

王：索多少价钱？

店：这段子价钱谁不识？索甚么索价钱？若索呵，索六定，老实价钱五定，捡钞来便是。

王：这段子也买了也。

王：你这鞍子、辔头、大鞦、小鞦、攀胸、鞊、鞍桥子、雁翅板、镫彻皮、肚带、笼头、牵控、编缰、缰绳、兜颏、闸口、汗替、皮替、替子，全买了也。更买一张弓去。

（王）到卖弓的房子里问道：卖的好弓有么？

店：可知有。无呵，做甚么买卖里？

王：你将这一张黄桦弓上弦者，我试拽，气力有呵，我买。

店：新上了的弓，慢慢的拽。

王：是好弓呵，怕甚么拽？这弓把里软，难拽，没回性有。

店：这弓你却是强褒弹（强行挑剔）。兀的弓你更嫌甚么？

王：由他说，"褒弹的是买的"。这一张弓为甚么不桦了？

店：你不理会的。这弓最好，上等弓，若桦了时，买的人不委信。教人看了面子上角、背子上铺的筋，商量了价钱，然后桦了也不迟里。

王：这弓卸下，叩子小些个，梢儿短。弓也买了也。有卖的弓弦时将来，俺一就买一条，就这里上了这弓者。

店：弦有，你自拣着买。

王：这的忒细，这的却又粗笨。似这一等儿着中，恰好。这弓和弦都买了也。更买几只箭。

店：这铍子、虎爪、鹿角朴头、响朴头、艾叶、柳叶、迷针箭。这箭竿是竹子的，这的是木头的。

王：更买这箭胡芦、弓袋。这杂带都买了也。更
买些碗子什物：锅儿、锣锅、荷叶锅、六耳锅，磁碟子、
木碟子、漆碟子。这红漆匙、黑漆匙、铜匙，红漆筋、
铜筋、三脚、鐥儿。这盘子是大盘子、小盘子、漆碗。
这漆器家具，一半儿是通布裹的，一半儿是胶漆托的。
更有些豹子生活。其余的通布裹的，是主顾生活。其余
的都是市卖的。

今日备办了些个茶饭，请咱每众亲眷闲坐的。翁翁、
婆婆、父亲、母亲、伯伯、叔叔、哥哥、兄弟、姐姐、
姊妹、外甥、侄儿、侄女、舅舅、女婿、妗子，又婶母、
姨姨、姑姑、姑夫、姨夫、姐夫、妹夫、外甥女婿、叔
伯哥哥兄弟、姑舅哥哥兄弟、房亲哥哥兄弟、两姨哥哥
兄弟、亲家翁、亲家母、亲家伯伯、亲家舅舅、亲家姨姨，
使唤的奴婢，都请将来也。栏门盏儿都把了也，请屋里
坐的。（此后为简短对话，至第69页重回主线故事。）

今日些小淡薄礼，虚请亲眷。酒也醉不得，茶饭
也饱不得，休怪。

休这般说，不当。教恁尽一日生受。酒也醉了，茶
饭也饱了也，恁休怪。

如今正是腊月，天气寒冷。拾来的粪将来，烆着些火者，热手脚。

粪拾在笼子里头，收将来，休教别人将去了。

这车子折了车辋子、辐条将来，可惜了。

咱每后头不备牢那？车轴、车钏、车谏、车头、车梯、车厢、车辕、绳索都好有。

楼子车、库车、驴骒大车、驴驾辕车、马妳子车、坐车儿，都好生房子里放者，休教雨雪湿了。

似这般冷呵，咱每远垜子放者射，赌一个羊。

咱每六个人，三棚儿箭句射也。

那壁厢先射过来。人叫唤有"大了也""恰好者""射歪了也""高些个射，休小了""低射呵，窜到也"。

谁赢谁输，由他。

你觑，未里，暂霎儿更添一个箭呵，咱每满也。

已赢了也。输了的做宴席者。

咱每做汉儿茶饭者。头一道细粉，第二道鱼汤，第三道鸡儿汤，第四道三下锅，第五道干按酒，第六道灌肺、蒸饼，第七道粉羹、馒头，临了割肉水饭，打散。

　　咱每点视这果子菜蔬，看整齐那不整齐。这藕菜、黄瓜、茄子、生葱、薤、蒜、萝卜、冬瓜、葫芦、芥子、蔓菁、赤根、海带；这按酒：煎鱼儿、肝双肠、头、蹄、肚儿、脑子、眼睛、脆骨、耳朵；这果子：枣儿、干柿、核桃、干葡萄、龙眼、荔枝、干杏、西瓜、甜瓜、柑子、石榴、梨儿、李子、松子、杀糖蜜栗子。这肉都煮熟也。脖项骨、背臂、胁扇、前膊、后腿、胸子，却怎么不见一个后腿？

　　馒头馅儿里使了也。

　　汤水茶饭都了也。日头落也，疾忙抬肉呵散者。
　　咱每今日宴席吃了多少酒？
　　吃了三十两的酒。

　　咱每通是十数个人，怎么吃三十两的酒？
　　且不则十数个人吃，下头伴当每偏不吃那？
　　那宴席散了也。

　　我有些脑痛头眩，请大医来诊候脉息，看甚么病。
　　大医说："你脉息浮沉，你敢伤着冷物来？"

我昨日冷酒多吃来。

那般呵，消化不得上头，脑痛头眩，不思饮食。我这药里头与你个克化的药饵，吃了便教无事。消痞丸、木香分气丸、神穹丸、槟榔丸，这几等药里头，堪中服可治饮食停滞，则吃一服槟榔丸，食后每服三十丸，生姜汤送下。吃了时，便动脏腑。动一两行时，便思量饭吃。先吃些薄粥补一补，然后吃茶饭。

明日大医来问："你较些个么？"

今日早晨才吃了些粥，较争些个也。明日病疴了时，大医根底重重的酬谢也。

咱每每年每月每日快活，春夏秋冬一日也休撇了。咱人今日死的，明日死的，不理会得。安乐时不快活呵，真个呆人也。死的后头，不拣甚么，都做不得主张有。好行的马别人骑也，好袄子别人穿也，好媳妇别人根底去也。活时节着甚么来由不受用？

大概人的孩儿，从小来好教道的成人呵，官人前面行也者。他有福分呵，官人也做也者。若教道他不立身，成不得人，也是他的命也者。咱每为父母心尽了，不曾落后。你这小孩儿，若成人呵，三条道儿中间里行者：别人东西休爱者，别人折针也休拿者，别人是非休说者。若依着这般在意行呵，不拣几时，成得人也者。常言道："老实常在，脱空常败。"休做贼说谎，休奸猾懒惰。官人每前面出不得气力行呵，一日也做不得人有。

伴当其间，自家能处休说，休自夸；别人落处休笑。达达家比喻说，你了不得，"我偻偒有"，那言语休说者。舡投水里出来，旱地里行不得，车子载着有。车子水里去呵，水里行不得，舡里载着有。一个手打呵，响不得有，一个脚行呵，去不得有。咱每人厮将就厮附带行呵好有。更伴当每，好的歹的，都厮负荷着行。人有好处扬说者，人有歹处掩藏者。常言道："掩恶扬善。"若是掩人德，扬人非，最是歹勾当有。

咱每做奴婢的人，根着官人每行呵，这里那里下马处，将官人的马牵控拿者，好生拴着。肥马凉者，瘦马鞍子摘了，绊了脚，草地里撒了，教咽草。布帐子疾忙打起者，铺陈整顿者，房子里搬入去者。鞍子、辔头，自己睡卧房子里放者，上头着披毡盖者。那的之后，锣锅安了者,疾忙茶饭做者。肉熟也,捞出来。茶饭吃了呵,碗子家具收拾者。官人每睡了时,教一个伴当伺候者。若这般谨慎行呵,便是在下人扶侍官长的道理。

咱每结相识行呵,休说那你歹我好,朋友的面皮休教羞了。亲热和顺行呵,便是一个父母生来的弟兄一般,厮相待厮顾盼着行。朋友每若困中无盘缠呵,自己钱物休爱惜,接济朋友教使者。朋友若不幸遭着官司口舌呵,众朋友每向前救济者;若不救呵,傍人不唾骂那甚么?有些病疾呵,休回避,与请大医下药看治者,早起晚夕休离了,煎汤煮水问候者。若这般厮觑当呵,便有十分病也减了五分。朋友有些病疾,回避着不照觑,那病人想着没朋友情分,凄惶呵,纵有五分病,添做十分也者。

咱每世上人做男儿行呵,自己祖上名听休坏了。凡事要谨慎行呵,卓立男儿人。父母名听辱磨了呵,别人唾骂也。父母在生时,家法名听好来,田产物业有来,孳畜头匹有来,人口奴婢有来。爷娘亡没之后,落后下的孩儿每不务营生,教些帮闲的泼男女,狐朋狗党,每日穿茶房,入酒肆,妓女人家胡使钱。众亲眷、街坊老的每、庄院老的每劝道:"你为甚么省不得,执迷着心?"回言道:"使呵使了我的钱,坏呵坏了我的家私,干恁甚么事？"因那上头众人再不曾劝，信着他胡使钱。每日十数个帮闲的，家里媳妇孩儿吃的、穿的都是这呆厮的钱。骑马呵，五十锭的好审行马。鞍子是时行的凿木轿子，上头打角，通使五十锭钞。

穿衣服呵，按四时穿衣服，每日出套换套有。春间，好紫罗绣搭胡，白罗红腰线袄子，梅花罗搭搭五儿、白罗衫儿。到夏间，好极细毛施布布衫，上头绣荆褐纱搭胡，白纱搭搭五儿。到秋间，是罗衣裳。到冬间，斜纹绫丝袄子、斜纹丝绸袄子、缠身金龙袄子、茶褐水波纹地儿四花袄子、象眼地儿鸦青六花袄子、云肩搭胡、茜红毛衫、蓝绫丝袴儿、枣褐绫丝三襜、白绢汗衫、银褐绫丝板褶儿、短袄子、黑褐绫丝开襟袄子、浑金搭子搭搭五儿。这般按四时穿衣裳。系腰呵，也按四季。春里系金系腰。夏里系玉系腰，最低的是菜玉，最高的是羊脂玉。秋里系针铁，寻常的不是，有玲珑花样的。冬里系犀系腰，有综眼的，更毛犀不要。

头上戴的帽子，好水獭毛毡儿、貂鼠皮檐儿、琥珀珠儿、西番莲金顶子，这般一个帽子，结裹二十锭钞。又有单桃牛尾笠子、玉珠儿、羊脂玉顶子，这般笠子，通结裹三十锭钞有。又有裁帛暗花绫丝帽儿、云南毡海青帽儿、青毡钵笠儿，又有貂鼠檐儿皮帽，上头都有金顶子，又有红玛瑙珠儿。

穿靴呵，春间，穿云南狷皮靴，上头更缝上花样。夏间，穿紫斜皮四垂头刻子靴，夹金线黑斜皮靴。到冬间，穿白斜皮靴，真皮靴。毡袜呵，穿好绒毛袜子，都教冰蓝纻丝缘口子。一对靴上都有红绒雁爪，那靴底都是两层净底，上的线，蜡打了，锥儿细，线粗，上的分外的牢壮好看。

吃饭呵，拣口儿吃。清早晨起来，梳头洗面了，先吃些个醒酒汤，或是些点心，然后打饼熬羊肉，或白煮着羊腰节胸子。吃了时，吃些酪解粥。骑着鞍马，引着仆奴，着几个帮闲的般弄着，先投大酒馆里坐下，二三十两酒肉吃了时，酒带半酣，引动斜心，座子人家里去。到那里，教那弹弦子的谎厮每捉弄着，假意儿叫几个"舍人郎中"，早开手使钱也。那钱物则由那帮闲的人支使，他则妆孤，正面儿坐着做好汉。那厮每将着钞破使了，中间克落了一半儿，养活媳妇孩儿。一个日头，比及到晚出来呵，至少使五六定钞。后头使的家私渐渐的消乏了，人口、头匹、家财、金银器皿都尽卖了，田产、房舍也典当了，身上穿的也没，口里吃的也没。那帮闲的男女，更没一个肯僦睬的。如今根着官人把马，且得衣饭行有。

王：我买这行货待涿州卖去。这几日为请亲眷筵会，又为病疾耽阁，不曾去的。我如今去也。伴当，恁落后好坐的者。我到那里卖了行货便来。

高：你好去者。俺卖了这人参，毛施、帖里布时，不拣几日，好歹等你来，咱商量买回去的行货。你是必早来。

店主人家引着几个铺家来，商量人参价钱。

买：这参是好那歹？将些样参来我看。这参是新罗参有，也着中。

高：你说甚么话？这参绝高有，怎么做的着中？

牙家道：索甚恁两家折辨高低？如今时价二十五两一斤，有甚商量？

买：你这参多少斤重？

高：俺这参一百一十斤。恁秤如何？

买：俺秤放着印子里，谁敢使私秤？

高：这价钱一定也，俺则要上等择钞，见钞，不赊也。

买：怎那般说？钞呵，与你好钞，买行货的，那里将便与钞里？须索限几日。

　　牙：你两家休争。限十个日头还足价钱。

　　高：那般者，依着牙家话。

　　买：这参称了，勾得百斤。恁说一百一十斤，那一十斤却在那里？

　　高：俺家里称了一百一十斤。恁这枰大的上头，折了十斤也。

　　买：那里秤大？这参恁称时节有些湿来，如今干了，为那上头折了这十斤。

　　高：这参做了五分儿分了，一个人二十斤家，每一斤二十五两，二十斤该五百两，是十定，通计五十定。

　　更店主人家引将几个买毛施、帖里布的客人来。

　　买：恁这毛施布，十一综的价钱、九综的价钱索多少？

　　高：十一综的是上等好布，三定半没商量；九综的是中等的，两定半。

　　买：这帖里布，好的多少价钱，低的多少价钱？

　　高：帖里布这一等好的两锭，这一等较低的六十两。

买：恁休胡索价钱。这布如今见有行市。俺买呵，买一两个自穿的不是，一发买将去要觅些利钱。俺依着如今价钱一句儿还恁：这毛施布，高的三锭，低的两锭；这帖里布，高的七十两，低的一锭。俺不赊恁的，一捡儿与好钞。

牙家道：他每还的价钱是着实的价钱。恁客人每直东新来，不理会得直实价钱。恁休疑惑，成交了者。

高：那般者，价钱呵，依着恁。依的俺时成交，依不得时俺不卖。钞呵，择钞，烂钞都不要。

买：你则要一等料钞时，每两官除工墨三分，私下五分家。出工墨也，倒不出料钞来。似恁这般都要料钞时，亏着俺。

高：待亏恁多少？肯时成交，不肯时恁别处买去。

买：那般者，与恁料钞买。

买：恁这布里头长短不等，有勾五十尺的，有么则到四十尺的，更有四十八尺，长短不等呵。

高：是地头织来的，俺又不曾打了梢子。两头放者印记里。

买：似这一个布，经纬都一般，便是鱼子儿也似匀净好有。似这一等，经纬不等，织的又松，很不好有。买的人多少褒弹，急切难着主儿。似这等布宽呵好，这几个布很窄有。

高：窄呵偏争甚么？也一般卖了。

买：恁怎说那等言语？宽呵，做出衣裳余剩，又容易卖。窄呵做衣裳不匀，不争少些个，又索这一等的布零截，又使五两钞。为这上，买的人少，怎做争甚么有？

牙：买也买了也，索甚么闲厮诓？算了价钱，捡与他钞。

买：你是牙家，你算了者，该多少？

牙：上等毛施布一百匹，每匹两定半，该二百五十定。低的三十匹，每匹两定，计六十定。

高：都与料钞是。

买：委实没若干料钞。敢则到的三百定料钞，那零一十定与恁上等择钞如何？

牙：客人觑，偌多交易，索甚么争这些个料钞？好择钞也与料钞一般使有。

高：那般者，依着恁。将好择钞来。

买：这钞都捡了也，俺数将布去。

高：你且住者。这钞里头真假，俺高丽人不识有，恁都使了记号印儿者，牙家眼同看了者。后头使不得时，俺则问牙家换。却不当面捡点见数，出门不管退换也。

买：怎道？

高：恁这等惯做买卖的人，俺一等不惯的人根底多有过睛有。恁使着记号者，大家把稳。

买：这五十锭做一束，兀的是九束。

那几个客人将布子去了。

高：咱每人参价钱也都收拾了，行货都发落了也。咱每买些甚么行货回去呵好？（商量其间，涿州买卖去来的伴当到来相见。）好么，好！买卖称意么？

王：托着哥哥每福阴里，也有些利钱。你的行货都卖了那不曾？

高：俺行货都卖了也。正待买回去的行货，寻思不定，恰好你来到。

王：你待买甚么行货？

高：俺知他甚么中将去？哥哥你与俺排布者。

王：我曾打听得，高丽田地里卖的行货，底似十分好的倒卖不得，则宜豹子行货，倒着主儿快。

高：可知！哥哥你说的很是有。俺那里好的歹的不识，则拣贱的买。正是宜假不宜真。

王：我引着恁买些零碎行货：红缨一百颗、烧珠儿五百串、玛瑙珠儿一百串、琥珀珠儿一百串、玉珠儿一百串、香串珠儿一百串、水精珠儿一百串、珊瑚珠儿一百串、大针一百裹、小针一百裹、青顶牌儿一百副、镊儿一百个、苏木一百斤、毡帽儿一百个、桃尖棕帽儿一百个、琥珀顶子一百副、压缨儿一百副、圆棕帽儿一百个、织结棕帽儿一百个、香搽粉一百贴、绵胭脂一百斤、蜡胭脂一百斤、粉一百斤、牛角盒儿一百个、鹿顶盒儿一百个、绣针一百裹、枣木梳子一百个、黄杨木梳子一百个、大篦子一百个、虮篦子一百个、斜皮针筒儿一百个、大小刀子一百副、双鞘刀子一十把、杂使刀子一十把、割纸细刀子一十把、裙刀子一十把、五事儿十副、象棋十副、大棋十副、双六（陆）十副、茶褐象眼地儿栾带一百条、紫条儿一百条、压口合钵一百个、剃头刀子一百个、剪子一百把、锥儿一百个、枰三十连、等子十连。那秤、等子都是官做的，秤竿、秤锤、毫星、秤钩子都有。

更买些粗木绵一百匹、浑金和素段子一百匹、草金段子一百匹。更有小孩儿每小铃儿一百个、马缨颏一百颗、针铁条环一百个。更买些文书：一部《四书》，都是晦庵集注；又买一部《毛诗》、《尚书》、《周易》、《礼记》、五子书、韩文、柳文、东坡诗、《渊源诗学押韵》、《君臣故事》、《资治通鉴》、《翰院新书》、《标题小学》、《贞观政要》、《三国志评话》。这些行货都买了也。

高：俺拣个好日头回去。我一就待算一卦去。

王：这里有五虎先生，最算的好有。咱每那里算去来。

到那卦铺里坐定，问先生道：与俺看命。

算：你道将年月日生时来。

高：我是属牛儿的，今年四十也，七月十七日寅时生。

算：你这八字很好。一世不少衣禄，不受贫。官分呵没，宜做买卖，出入通达。今年交大运，丙戌已后财帛大聚，强如已前数倍。

高：这般呵，我待近日回程，几日好？

算：且住，我与你选个好日头。甲乙丙丁戊己庚辛壬癸是天干，子丑寅卯辰巳午未申酉戌亥是地支。建除满平，定执破危，成收开闭。你则这二十五日起去，寅时往东迎喜神去，大吉利。

高：二两半卦钱留下者。

各自散了。至二十五日起程，辞别那汉儿伴当。已前盘缠了的火帐都算计明白。

高：哥哥，俺每回去也，你好坐的者。俺多多的定害恁，恁休怪。

王：咱每为人，四海皆兄弟，咱每这般做了数月伴当呵，不曾面赤。如今辞别了，休道后头再不厮见。山也有相逢的日头！今后再厮见呵，不是好兄弟那甚么？

老乞大谚解

王：大哥，你从那里来？

高：我从高丽王京来。

王：如今那里去？

高：我往北京去。

王：你几时离了王京？

高：我这月初一日离了王京。

王：既是这月初一日离了王京，到今半个月，怎么才到的这里？

高：我有一个火伴落后了来，我沿路上慢慢的行着等候来，因此上来的迟了。

王：那火伴如今赶上来了不曾？
高：这个伙伴便是，夜来才到。

王：你这月尽头到的北京么到不得？
高：知他，那话怎敢说？天可怜见，身己安乐时，也到。

王：你是高丽人，却怎么汉儿言语说的好？
高：我汉儿人上学文书，因此上些小汉儿言语省的。

王：你谁根底学文书来？
高：我在汉儿学堂里学文书来。

王：你学甚么文书来？
高：读《论语》、《孟子》、小学。

王：你每日做甚么工课？

高：每日清早晨起来，到学里。师傅上受了文书，放学，到家里吃饭罢，却到学里写仿书，写仿书罢对句，对句罢吟诗，吟诗罢师傅前讲书。

王：讲甚么文书？
高：讲小学、《论语》、《孟子》。

王：说书罢又做甚么工课？
高：到晚，师傅前撒签背念书。背过的，师傅与免帖一个；若背不过时，教当直的学生背起，打三下。

王：怎的是撒签背念书？怎的是免帖？
高：每一个竹签上写着一个学生的姓名。众学生的姓名都这般写着，一个签筒儿里盛着。教当直的学生将签筒来摇动，内中撒一个，撒着谁的，便着那人背书。背念过的，师傅与免帖一个。那免帖上写着"免打三下"，师傅上头书着画押。若再撒签试不过，将出免帖来毁了，便将功折过免了打。若无免帖，定然吃打三下。

王：你是高丽人，学他汉儿文书怎么？
高：你说的也是，各自人都有主见。

王：你有甚么主见？你说我听着。

高：如今朝廷一统天下，世间用着的是汉儿言语。我这高丽言语只是高丽地面里行的，过的义州，汉儿地面来，都是汉儿言语。有人问着，一句话也说不得时，别人将咱们做甚么人看？

王：你这般学汉儿文书时，是你自心里学来，你的爷娘教你学来？

高：是我爷娘教我学来。

王：你学了多少时节？

高：我学了半年有余。

王：省的那省不的？

高：每日和汉儿学生们一处学文书来，因此上些小理会的。

王：你的师傅是甚么人？

高：是汉儿人。

王：多少年纪？

高：三十五岁了。

王：耐繁教那，不耐繁教？

高：我师傅性儿温克，好生耐繁教。

王：你那众学生内中，多少汉儿人，多少高丽人？

高：汉儿、高丽中半。

王：里头也有顽的么？

高：可知有顽的。每日学长将那顽学生师傅上禀了，那般打了时，只是不怕。汉儿小厮们十分顽，高丽小厮们较好些。

高：大哥，你如今那里去？

王：我也往北京去。

高：你既往北京去时，我是高丽人，汉儿地面里不惯行，你好歹拖带我做火伴去。

王：这们时，咱们一同去来。

高：哥哥你贵姓？

王：我姓王。

高：你家在那里住？
王：我在辽阳城里住。

高：你京里有甚么勾当去？
王：我将这几个马卖去。

高：那般时最好，我也待卖这几个马去。这马上驮着的些小毛施布一就待卖去。
王：你既卖马去时，咱们恰好做火伴去。

高：哥哥曾知得京里马价如何？
王：近有相识人来说，马的价钱这几日好。似这一等的马，卖十五两以上，这一等的马卖十两以上。

高：曾知得布价高低么？
王：布价如往年的价钱一般。

高：京里吃食贵贱？
王：我那相识人曾说，他来时八分银子一斗粳米，五分一斗小米，一钱银子十斤面，二分银子一斤羊肉。

高：似这般时，我年时在京里来，价钱都一般。咱们今夜那里宿去？

王：咱们往前行的十里来田地里，有个店子，名唤瓦店。咱们到时，或早或晚，只那里宿去。若过去了时，那边有二十里地没人家。

高：既那般时，前不着村，后不着店，咱们只投那里宿去。

王：到那里便早时也好，咱们歇息头口，明日早行。

高：这里到京里有几程地？

王：这里到京里还有五百里之上。天可怜见，身子安乐时，再着五个日头到了。

高：咱们到时，那里安下好？

王：咱们往顺城门官店里下去来。那里就便投马市里去却近些。

高：你说的是，我也心里这般想着，你说的恰和我意同，只除那里好。但是辽东去的客人们别处不下，都在那里安下。我年时也在那里下来，十分便当。

王：你这几个头口，每夜吃的草料通该多少钱？

高：这六个马每一个五升料、一束草，通算过来，盘缠着二钱银子。这六个马每夜吃的草料不等：草料贵处，盘缠三四钱银子；草料贱处，盘缠二钱银子。

王：这个马也行的好？

高：可知有几步慢窜。除了这个马，别个的都不好。

王：你这马和布子，到北京卖了时，却买些甚么货物，回还高丽地面里卖去？

高：我往山东济宁府东昌、高唐，收买些绢子、绫子、绵子，回还王京卖去。

王：到你那地面里，也有些利钱么？

高：那的也中。我年时跟着汉儿火伴到高唐，收买些绵绢将到王京卖了，也寻了些利钱。

王：你那绫绢绵子，就地头多少价钱买来，到王京多少价钱卖？

高：我买的价钱，小绢一匹三钱，染做小红里绢。绫子每匹二两家，染做鸦青和小红。绢子每匹染钱二钱。绫子每匹染钱，鸦青的三钱，小红的二钱。又绵子每一斤价钱六钱银子。到王京，绢子一匹卖细麻布两匹，折银一两二钱。绫子一匹，鸦青的卖布六匹，折银子三两六钱，小红的卖布五匹，折银子三两。绵子每四两卖布一匹，折银子六钱。通滚算着，除了牙税缴计外，也寻了加五利钱。

王：你自来到京里卖了货物，却买绵绢到王京卖了，前后住了多少时？

高：我从年时正月里，将马和布子到京都卖了，五月里到高唐，收起绵绢，到直沽里上船过海，十月里到王京。投到年终，货物都卖了，又买了这些马并毛施布来了。

王：这三个火伴是你亲眷那，是相合来的？都不曾问姓甚么。

高：这个姓金，是小人姑舅哥哥。这个姓李，是小人两姨兄弟。这个姓赵，是我街坊。

王：你是姑舅弟兄，谁是舅舅上孩儿，谁是姑姑上孩儿？

高：小人是姑姑生的，他是舅舅生的。

王：你两姨弟兄，是亲两姨那，是房亲两姨？

高：是亲两姨弟兄。我母亲是姐姐，他母亲是妹子。

王：你既是姑舅、两姨弟兄，怎么沿路秽语不回避？

高：我们不会体例的人，亲弟兄也不隔话，姑舅、两姨更那里问！

王：咱们闲话且休说。那店子便是瓦店，寻个好干净店里下去来，歇头口着。街北这个店，是我旧主人家，咱们只这里下去来。

王：拜揖主人家哥。

店：嗳，却是王大哥。多时不见，好么好么？你这几个火伴，从那里合将来？

王：我沿路相合着，做火伴北京去。你这店里草料都有阿没？

店：草料都有。料是黑豆，草是秆草。

王：是秆草好，若是稻草时，这头口们多有不吃的。黑豆多少一斗？草多少一束？

店：黑豆五十个钱一斗，草一十个钱一束。

王：是真个么？你却休瞒我。

店：这大哥甚么言语？你是熟客人，咱们便是自家里一般，我怎么敢胡说！怕你不信时，别个店里试商量去。

王：我只是这般说。我共通十一个马，量着六斗料与十一束草着。这铡刀不快，许多草几时切得了。主人家，别处快铡刀借一个来。

店：这们时，我借去。（片刻之后）这铡刀是我亲眷家的，他不肯，我哀告借将来，风刃也似快。你小心些使，休坏了他的。

王：这火伴，你切的草忒粗，头口们怎生吃的？好生细细的切着。这火伴，你敢不会煮了？你烧的锅滚时，下上豆子，但滚的一霎儿，将这切了的草，豆子上盖覆了，休烧火，休教走了气，自然熟了。

店：客人们，你打火那不打火？

王：我不打火喝风那！你疾快做着五个人的饭着。

店：你吃甚么饭？

王：我五个人打着三斤面的饼着，我自买下饭去。

店：你买下饭去时，这间壁肉案上买猪肉去，是今日杀的好猪肉。

王：多少一斤？

店：二十个钱一斤。

王：你主人家就与我买去，买一斤猪肉着。休要十分肥的，带肋条的肉买着。大片儿切着炒将来着。主人家迭不得时，咱们火伴里头教一个自炒肉。

高：我是高丽人，都不会炒肉。

王：有甚么难处？刷了锅着，烧的锅热时，着上半盏香油。将油熟了时，下上肉，着些盐，着箸子搅动。炒的半熟时，调上些酱水、生葱、料物拌了，锅子上盖覆了，休着出气，烧动火，一霎儿熟了。

高：这肉熟了，你尝看咸淡如何？

王：我尝得微微的有些淡，再着上些盐着。

王：主人家，饼有了不曾？

店：将次有了，你放桌儿先吃，比及吃了时，我也了了。

王：主人家，我明日五更头早行，咱们算了房钱、火钱着。我这一宿人马，盘缠通该多少？

店：你称了三斤面，每斤十个钱，该三十个钱；切了一斤猪肉，该二十个钱；四个人，每人打火、房钱十个钱，该四十个钱；黑豆六斗，每斗五十个钱，该三百个钱。草十一束，每束十个钱，该一百一十钱。通该五百个钱。

王：我草料、面都是你家里买来的，你减了些个如何？

店：罢，罢，只将四百五十个钱来。

王：既这般时，火伴，你三个一发都出了着。记着数目，到北京时一发算除。那般时，我都与他。

　　王：火伴，你将料捞出来，冷水里拔着，等马大控一会，慢慢的喂着。初喂时，只将料水拌与他，到五更一发都与料吃。这般时，马们分外吃得饱。若是先与料时，那马只拣了料吃，将草都抛撒了。劳困里休饮水，等吃一和草时饮。咱们各自睡些个，轮着起来勤喂马。今日是二十二,五更头正有月明，鸡儿叫起来便行。

　　王：主人家点个灯来，我整理睡处。
　　店：这的灯来了，壁子上挂着。

　　王：这般精土炕上怎的睡？有甚么槁荐将几领来。
　　店：大嫂，将槁荐、席子来，与客人们铺。
　　嫂：席子没，这的三个槁荐与你铺。

　　王：主人家，你种着火，我明日五更头早行。
　　店：那般着，客人们歇息，我照觑了门户睡也。

　　王:来，来，且休去，我问你些话。我先番北京来时，你这店西约二十里来地，有一坐桥塌了来，如今修起了不曾？
　　店:早修起了，比在前高二尺、阔三尺，如法做的好。

王：这们时，我明日早只放心的去也。

店：你十分休要早行，我听得前头路涩。

王：为甚么有这般的歹人？

店：你偏不理会的。从年时天旱，田禾不收，饥荒的上头，生出歹人来。

王：碍甚么事？我只是赶着这几个马，又没甚么钱本，那厮们待要我甚么？

店：休这般说。贼们怎知你有钱没钱？小心些还好。我这里前年六月里，有一个客人，缠带里装着一卷纸，腰里拴着，在路旁树底下歇凉睡。被一个贼到那里见了，只道是腰里缠带里是钱物，生起歹心来，就那里拿起一块大石头，把那人头上打了一下，打出脑浆来死了。那贼将那人的缠带解下来看时，却是纸，就那里撇下走了。官司检了尸，正贼捉不住，干把地主并左近平人涉疑打拷。后头别处官司却捉住那贼，发将来，今年就牢里死了。

年时又有一个客人，赶着一头驴，着两个荆笼子里盛着枣儿，驼着行。后头有一个骑马的贼，带着弓箭跟着行，到个酸枣林儿无人处，那贼将那客人脊背上射了一箭，那人倒了。那贼只道是死了，便赶着那驴往前行。那客人射的昏了，苏醒回来，恰好有捕盗的官来那里巡警，那客人就告了。捕盗官将着弓兵，往前赶到约二十里地，赶上那贼。捉拿其间，那贼便将一个弓手放箭射下马来，那贼往西走马去了。捕盗官袭将去，到个村里，差了一百个壮汉，将着弓箭器械，把那贼围在一个山峪里，才拿着回来。看那射着的弓手，那人左胳膊上射伤，不曾伤了性命。如今那贼现在官司牢里禁着。

王：既这般路涩时，咱们又没甚么忙勾当，要甚么早行？等到天明时慢慢的去，怕甚么？

店：说的是，依着你，天明时行。安置，安置，客人们好睡着。

王：主人家且休去，我又忘了一件勾当。我这马们不曾饮水里，等一会控到时饮去。那里有井？

店：那房后便是井。

王：有辘轳那没？

店：浅浅的井儿，则着绳子拔水。井边头有饮马的石槽儿。

王：既这般时，你收拾洒子、井绳出来。

店：井边头洒子、井绳都有。我又嘱咐你些话：那洒子不沉水，你不会摆时，洒子上拴着一块砖头着。

王：这的我自会的，不要你教。

王：咱们轮着起来勤喂马，常言道："马不得夜草不肥，人不得横财不富。"却休槽儿平直到明。咱们拌上，马吃一和草时饮水去。

高：盛草的筐儿也没，着甚么将的草去？

王：既没时，且着布衫襟儿抱些草去，我将料水去。

高：这家主人好不整齐，搅料棒也没一个。疾快取将咱们的拄杖来搅料。

王：且房子里坐的去来，一霎儿马吃了这和草饮水去。（片刻）马敢吃了草也，饮去来。

王：咱们都去了时，这房子里没人，敢不中。留一个看房子，别个的牵马去来。

高：碍甚么事！这店里都闭了门子了，怕有甚么人进来？

王：休那般说，小心的还好。常言道："常防贼心，莫偷他物。"你自依着我，留一个看房子。

高：那般着，咱们留谁看房子？

王：你三个里头，着这老的看着。"三人同行小的苦"，咱们三个去来。这胡同窄，牵着马多时过不去，咱们做两遭儿牵。那般着，你敢惯打水？

高：我不惯打水，你先打水去，我两个牵马去。

王：那般着，我打水去，你将马来。

高：我恰才这槽儿里头拔上两洒子水也，着马吃，这个马快吃水，这个马吃水小。这水小，再打上一洒子着。将洒子来，我试学打。（片刻）这洒子是不沉水，怎生得倒？

王：我教与你：将洒子提起来，离水面摆动倒，撞入水去，便吃水也。

高：这般时，真个在前曾见人打水，不曾学，从今日理会得了。

王：你高丽地面里没井阿，怎么？

高：我那里井不似这般井。这井是砖砌的井，至小有二丈深。我那里井都是石头垒的，最深杀的没一丈，都是七八尺来深。我那里男子汉不打水，只是妇人打水。着个铜盔，头上顶水。各自将着个打水的瓢儿，瓢儿上拴着一条细绳子，却和这里井绳、洒子一般取水。

王：却怎么那般打水？我不理会得。我只道是和我这里一般打水。你牵回这马去，再牵将别个的来饮。

高：这马都饮了。这般黑地里，东厕里难去，咱们只这后园里去净手不好那？

王：我拿着马，你净手去。我不要净手。你离路儿着，休在路边净手。明日着人骂。

高：咱们一个牵着两个去，拴的牢着。这槽道好生宽，离的远些儿拴，又怕绳子纽着。

王：疾快将草料来，拌上着，尽着他吃着，咱睡去来。

王：火伴们起来！鸡儿叫第三遍了，待天明了也。咱急急的收拾了行李，鞴了马时，天亮了，辞了主人家去来。

王：主人家哥休怪，我去也。

店：你休怪，好去着。回来时，却来我店里下来。

王：这桥便是我夜来说的桥，比前十分好。在先只是土搭的桥来，如今都是板幔了。这桥梁、桥柱比在前忒牢壮，这的捱十年也坏不得。

王：日头这般高了，前头又没甚么店子，咱们则投那人家，籴些米自做饭吃去来。

高：那般着，肚里好生饥了，咱们去来。

王：这马都卸下行李，松了肚带，取了嚼子，这路旁边放了，着吃草着。教一个看着，别的都投这人家问去来。

王：主人家哥，我几个行路的人，这早晚不曾吃早饭，前头又没甚么店子，我特的来，怎生籴与些米做饭吃。

农：要甚么籴米？我的饭熟了，客人们吃了过去。

王：这般时，敢少了你饭。

农：不妨事。便小时，我再做些个便是。将桌儿来，教客人们只这棚底下坐的吃饭。淡饭胡乱吃些个。有甚么熟菜蔬，将些来与客人吃。怕没时，有萝卜、生葱、茄子将来，就将些酱来。

　　妻：别个菜都没，只有盐瓜儿与客人吃。

　　农：也好，将来。客人们休怪，胡乱吃些。

　　王：小人们骤面间厮见，大哥便这般重意，与茶饭吃，怎么敢怪？

　　农：量这些淡饭打甚么紧？偏我不出外？出外时，也和你一般。

　　王：大哥说的是。"惯曾出外偏怜客，自己贪杯惜醉人。"

　　农：你外头还有火伴么？

　　王：有一个看行李，就放马里。

　　农：他吃的饭却怎生？

　　王：我们吃了时，与他将些去。有碗与一个，这饭里盛出一碗饭，与那个火伴。

　　农：由他，你都吃了着。家里还有饭里，吃了时将去。你休做客，慢慢吃的饱着。

王：我是行路的客人，又肯做甚么客！

农：吃的饱那不饱？

王：我好生饱了，收拾碗碟着。

农：客人们有一个看着马的，不曾来吃饭。兴儿，你另盛一碗饭，罐儿里将些汤，跟着客人去，与那个火伴。吃了时，却收拾家事来。

王：主人家哥休怪，小人们这里定害。

农：有甚么定害处？吃了些淡饭，又没甚么好茶饭。

王：休那般说，不当。"饥时得一口，强如饱时得一斗。"我正饥渴时，主人家这般与茶饭吃，怎生忘的你？

农：休那的说，偏我出外时，顶着房子走？也要投人家寻饭吃里。却不说："好看千里客，万里要传名。"

王：主人家哥，小人这里搅扰了，姓也不曾问。大哥贵姓？

农：我姓张，是张社长家。客人，你却姓甚么？

王：小人姓王，在辽东城里住。大哥因事到我那里，不弃嫌小人时，是必家里来。

农：若能勾去时节，便寻你家里去。我偏背你？

王：那个人家，我恰才籴米去来，不肯粜与我。他们做下见成的饭，与我吃了，又与你将来。你吃了时，与这小的碗碟将去。火伴，你赶将马来，咱打驼驮，比及驮了时，他也吃了饭也。咱们便行。

王：这个马怎么这般难拿？

高：元来这般的。既这般歹时，再来着绊着。

王：我在前绊着来，今日忘了，不曾绊。

高：咱们众人拦当着拿住。

王：驼驮都打了也，咱们行着。小的，你将碗碟、罐儿家去，生受你，休怪着。

王：日头却又这早晚也。这里到夏店还有十里来地，到不得也，只投这路北那人家，寻个宿处去来。

高：那般着，咱们去来。

王：都去时，那人家见人多时，不肯教宿。着两个看行李，我两个问去。

王：拜揖主人家哥。我是客人，今日晚了，你房子里寻个宿处。

农：我房子窄，没处安下，你别处寻宿处去。

王：你这般大人家，量我两三个客人，却怎么说下不得？你好房子里不教我宿时，只这门前车房里教我宿一夜如何？

农：我不是不教你宿。官司排门粉壁，不得安下面生歹人。知他你是那里来的客人？自来又不曾相识，怎知是好人歹人，便怎么敢容留安下？

王：主人家哥，我不是歹人。小人在辽东城里住，现将印信文引。

农：你在辽东城里那些个住？

王：小人在辽东城里阁北街东住。

农：离阁有多少近远？

王：离阁有一百步地，北巷里向街开杂货铺儿便是。

农：那杂货铺儿是你家的那？近南隔着两家儿人
家，有个酒店，是我相识的，你认的么？

王：那个是刘清甫酒馆，是我街坊，怎么不认的？

农：虽然这般时，房子委实窄，宿不得。

王：你可怜见。你是有见识的，这早晚日头落也，
教我那里寻宿处去？不拣怎生，着我宿一夜。

农：这客人，怎么这般歪厮缠！如今官司好生严
谨，省会人家，不得安下面生歹人。你虽说是辽东人
家，我不敢保里。你这几个火伴的模样，又不是汉儿，
又不是达达，知他是甚么人，我怎么敢留你宿？你不
理会的，新近这里有一个人家，只为教几个客人宿来。
那客人去了的后头，事发，那人们却是达达人家走出
来的，因此将那人家连累，官司见着落跟寻逃走的。
似这般带累人家，怎么敢留你宿？

王：主人家，你说那里话！好人歹人怎么不认的？
这几个火伴，他是高丽人，从高丽地面里来。他们高丽
地面守口子、渡江处的官司，比咱们这里一般严。验了
文引，仔细的盘问了了，才放过来。他们若是歹人，来历
不明时，怎生能勾到这里来？他见将文引，赶着高丽马，

往北京做买卖去。他汉儿言语说不得的，因此上不敢说话。他们委实不是歹人。

农：既这般的时，休只管的缠张。后头房子窄，老小又多，又有个老娘娘不快。你不嫌冷时，只这车房里宿如何？

王：这般时，我只在车房里宿。

王：主人家哥，小人又有一句话，敢说么？

农：有甚么事？你说。

王：这早晚黑夜，我其实肚里饥了，又有几个马。"一客不犯二主"，怎么可怜见，粜与我一顿饭的米和马草料如何？

农：我这里今年夏里天旱了，秋里水涝了，田禾不收的，因此上我也旋籴旋吃里，那里有粜的米？

王：我从早起吃了些饭，到这早晚不曾吃饭里，好生的饥了。你籴来的米里头那与我些个，我只熬些粥吃。这的一百个钱，随你意与些个。

农：一百个钱，与你多少的是？

王：随你与的是。

农：今年为旱涝不收，一百个钱籴的一斗米。我本没粜的米，既是客人只管的央及，我籴来的米里头那与你三升，煮粥胡乱充饥。客人们休怪，其实今年艰难。若是似往年好收时，休说你两三个人，便是十数个客人，也都与茶饭吃。

王：主人家哥说的正是。我也打听得，今年这里田禾不收。既这般时，主人家哥，小人们待要后头熬粥去，这早晚黑地里出入不便当，又你这狗子利害，不拣怎么，你与我做些个粥如何？

农：罢，罢。你客人只这车房里安排宿处，我着孩儿们做将粥来与你吃。

王：好，好。多谢，多谢。

王：主人家哥，又有一句话：人吃的且有些个，这马们却怎生？一发那与些草料如何？

农：客人们说甚么话，人吃的也没，又那里将马的草料来？我这院子后头，有的是草场。你吃了饭时，着两个赶着马那里放去。头到明，不吃的饱了？不须籴草料。

王：这们时，哥哥说的是。我车房里去没甚么火，教小孩儿拿个灯来。

农：这们时，如今教将来。

王：咱们吃了饭时，这里留两个看行李。先着两个放马去，到半夜前后，却着这里的两个替回来。大家得些睡时，明日不渴睡。

农：这的灯来了。若有粥将来，匙、碗都有，你吃着。

王：咱们饭也吃了，你两个先放马去，到半夜里，我两个却替你去。

王：我恰才睡觉了起去来，参儿高也，敢是半夜了。我先去替那两个来睡，你却来那里，咱们两个看着马。

高：这们时，你去。

王：你两个去睡些个。到那里时，教那个火伴来着。

高：你来了！你赶过马来，在一处着，容易照管。月黑了，恐怕迷失走了，误了走路。

王：明星高了，天道待明也。咱们赶将马去来。到下处收拾了行李时，恰明也。这马们都拴住着，教那两个起来。

高：你两个疾快起来，收拾行李打驼驮。但是咱们的行李收拾到着，主人家的东西休错拿了去。

王：驼驮都打了，叫主人家，辞了去来。

王：主人家哥休怪，我去也。这里定害了。

农：你有甚么定害处？你休怪，好去着。

王：咱们前头到夏店时，买饭吃了，尽晚到了京城。

高：这里到夏店有多少路？

王：敢有三十里多地。

高：你夜来怎么说十里来路，今日却怎么说三十里地？

王：我夜来错记了，今日再想起来，有三十里多地。咱们休磨拖，趁凉快，马又吃的饱时，赶动着。

高：日头又这早晚了，那望着的黑林子便是夏店。这里到那里，还有七八里路。你在先也曾北京去来，怎么不理会的？

　　王：这夏店我曾走了一两遭，都忘了，那里记得？

　　王：店子待到也。咱们吃些甚么茶饭好？

　　高：我高丽人不惯吃湿面，咱们只吃干的如何？

　　王：这们时，咱们买些烧饼，炒些肉，吃了过去。

　　高：咱们这里当住马拴着，卸下行李着，饭店里去来。

　　王：过卖，先将一碗温水来，我洗面。

　　店：客人们洗面了。

　　王：过卖，抹桌儿。

　　店：客人吃些甚么茶饭？

　　王：我四个人，炒着三十个钱的羊肉，将二十个钱的烧饼来。这汤淡，有盐酱拿些来，我自调和吃。这烧饼，一半儿冷，一半儿热。热的留下着，我吃；这冷的你拿去，炉里热着来。

　　王：咱们饭也吃了，与了饭钱去。过卖，来会钱。

通该多少？

　　店：二十个钱烧饼，三十个钱羊肉，通是五十个钱。

　　王：咱们打驼驮行。

　　王：日头正晌午也，有些热。早来吃了干物事，有
些渴。前头不远，有个草店儿，到那里咱们吃几盏酒解
渴。歇住头口着，暂时间卸下行李来，吃几盏酒便过去。

　　王：卖酒的，拿二十个钱的酒来。

　　店：客人们，这二十个钱的酒。

　　王：酒好么？

　　店：好酒，你尝看。酒不好时，不要钱。

　　王：将就吃的过。有甚么好菜蔬，拿些个来。

店：这们时，有盐瓜儿，如今便将来。客人们，热吃那凉吃？

王：罢，罢。休旋去，我只凉吃。

高：大哥，先吃一盏。大哥受礼。

王：你敢年纪大，怎么受礼？

高：大哥，你贵寿？

王：小人年纪三十五岁。

高：小人才三十二岁。大哥，你年纪大，受礼。

王：小人虽年纪大，怎么便受礼？咱们都起来，大家自在。

高：那般时，教你受礼，坚执不肯。满饮一盏，休留底酒。

王：咱们都休讲礼，吃一盏酒。

王：吃了酒也，会了酒钱去来。卖酒的，来会钱。这的五分银子，贴六个钱馈我。

店：大哥，与些好的银子。这银只有八成银，怎么使的？

　　王：这银子嫌甚么？细丝儿分明都有，怎么使不得？你不识银子时，教别人看。

　　店：我怎么不识银子？要甚么教别人看去？换钱不折本，你自别换与五分好的银子便是，要甚么合口？

　　王：这卖酒的也快缠。这们的好银子，怎么使不得？今早起吃饭处贴将来的银子。

　　店：罢，罢。将就留下着，便使不得也罢。
　　王：你说甚么话！使不得时，你肯要么？

　　王：打了驮驮着行。日头后晌也。这里离城有的五里路，着两个后头赶将头口来，我和一个火伴先去寻个好店安下着，却来迎你。咱们先说定着，则投顺城门官店里下去。

　　高：那们时，你两个先去，我两个后头慢慢的赶将头口去。

　　王：咱们疾快行动着，比及到那里寻了店时，那两个到来了也。

　　王：店主人家哥，后头还有几个火伴，赶着几匹马来也，你这店里下的我么？

　　店：你通几个人，几个马？

　　王：我通共四个人，十个马。

　　店：车子有么？

　　王：车子没。

　　店：这们的时，下的你。那东边有一间空房子，你看去。

　　王：你引我看去来。

　　店：我忙，没功夫去。你自看去着。

　　王：误了你多少工夫？到那里看了房子，中不中，我说一句话。

　　店：这们时，去来。

　　王：这房儿也下的我。茶饭如何？

　　店：茶饭时，我店里家小新近出去了，委实没人整治。你客人们自做饭吃。

王：我们自做饭吃时，锅灶碗碟都有么？
店：那的你放心，都有。

王：这们便，我迎火伴去。
店：你去着。

王：你两个到这里多少时？
高：我才到这里，待要寻你去来，你却来了。店在那里？

王：那西头有。行李都搬入来着，把马们都松了，且休摘了鞍子。你去问主人家要几个席子、槁荐来，就拿苕帚来扫地。行李且休搬入去，等铺了席荐时，一发搬入去。

店：客人们，你这马要卖么？
王：可知我要卖里。

店：你既要卖时，也不须你将往市上去，只这店里放着，我与你寻主儿都卖了。
王：罢，罢，到明日再说话。

王：咱这马们路上来，每日走路子辛苦，喂不到，都没甚么膘。便将到市上，市上人也出不上价钱。咱们舍着草料，好生喂几日，发落也不迟里。

高：你说的是，我也心里这们想着。我又有人参、毛施布，明日打听价钱去来。有价钱时卖了着，怕十分的贱时，且停些时。

王：你那里打听去？

高：吉庆店里有我相识，那里问去。

王：这们时，到明日咱们同去。你两个看着口头，我两个到城里去便来。

高：拜揖大哥，这店里卖毛施布的高丽客人李舍有么？

店：你寻他怎么？

高：我是他亲眷，才从高丽地面来。

店：恰才出去了，往羊市角头去了。他说便来，你且出去，等一会再来。

高：既他羊市角头去时，又不远，我只这里等。

店：随你等着。

高：他在那个房子里下？
店：那西南角上，芭篱门南边，小板门儿便是。

高：他出去了，看家的有么？
店：有个后生来。这里不见，敢出去了。你高丽地面里将甚么货物来？
高：我将的几匹马来。

店：再有甚么货物？
高：别没甚么。有些人参、毛施布。如今价钱如何？
店：价钱如常。人参正缺着里，最好价钱。

高：如今卖的多少？
店：往年便只是三钱一斤，如今为没有卖的，五钱一斤家也没处寻里。你那参那里参？

高：我的是新罗参。
店：新罗参时，又好，愁甚么卖！

高：那个不是李舍来了？

李：好么，好么？几时来？家里都好么？

高：都安乐来。

李：我下处去。请，请，里头坐的。你从几时离了王京？

高：我七月初头离了。

李：却怎么这时间才来到？

高：我沿路慢慢的来。

李：我家里有书信么？

高：有书信。

李：这信上写着没甚么备细。你来时，我父亲、母亲、伯父、叔父、伯娘、婶子、姐姐、姐夫、二哥、三哥、嫂子、妹子、兄弟们都安乐好么？

高：都安乐。

李：那般好时。"休道黄金贵，安乐直钱多。"怪道今日早起喜鹊儿噪，又有喷嚏来，果然有亲眷来，又有书信，却不道"家书直万金"。小人拙妇和小孩儿们都安乐么？

高：都安乐。你那小女儿出疹子来，我来时都完痊疴了。

李：你将甚么货物来？

高：我将着几匹马来，又有些人参、毛施布。如今价钱如何？

李：马的价钱和布价只依往常，人参价钱十分好。

高：说的是，恰才这店里那客人也这般说。

李：你有几个火伴？

高：又有两个火伴，都是亲眷。一个是姑舅哥哥，一个是两姨兄弟。

李：在那里下？

高：在顺城门官店街北一个车房里下着。

李：从几时来到？

高：我只夜来到。

李：这火伴是谁？

高：到辽东这边合将他来。他也有几匹马，一处赶将来。他是汉儿人，在辽东城里住。我沿路来时，好生多得他济。我汉儿言语不理会的，路上吃的、马匹草料并下处，全是这大哥辛苦。

李：说的是。

高：我且到下处去，再厮见。

李：且停些时，咱们聊且吃一杯酒，不当接风。

高：不要，今日忙，明日再厮见吃酒也不迟里。

李：这们时，明日就店里寻你去，一发和那亲眷们一处吃一两杯。我送到你外头去。

高：不要你送。你这房里没人，不要去。

李：这们时，你却休怪，小人没甚么馆待。

高：怪甚么，咱们一家人，又不是别人。

不多时，却到店里，见店主人和三个客人立地看马。店主人说：这三个火伴，两个是买马的客人，一个是牙子。你这马，他们都一发买将山东卖去，便到市上，也只一般。"千零不如一顿"，倒不如都卖与他。你既要卖时，咱们商量。

买：这个青马多少岁数？

王：你只拿着牙齿看。

买：我看了也。上下齘都没有，十分老了。

王：你敢不理会的马岁？

买：这个马如何？

王：今春新骟了的，十分壮的马。

买：这好的歹的，都一发商量。这儿马、骟马、赤马、黄马、燕色马、栗色马、黑鬃马、白马、黑马、锁罗青马、土黄马、绣膊马、破脸马、五明马、桃花马、青白马、豁鼻马、骒马、怀驹马、环眼马，劣马——这马牛行花塔步，又窜行的马、钝马、眼生马、撒蹶的马、前失的马、口硬马、口软马。这些马里头，歹的十个：一个瞎、一个跛、一个蹄歪、一个磨砚、一个打破脊梁、一个熟瘸、一个疥，三个瘦。只有五个好马。你这马，好的歹的、大的小的，相滚着要多少价钱？

王：一个家说了价钱，通要一百四十两银子。

买：你说这般价钱怎么？你只说卖的价钱，没来由这般胡讨价钱？

王：我不是矫商量的。

买：你说的是时，两三句话，交易便成了。不要你这般胡讨价钱，怎么还你的是？

牙子说：客人们，你不要十分多讨，你两个枉自成不得。我是个牙家，也不向买主，也不向卖主，我只依直说。你要一百四十两银子时，这五个好马，十个歹马，你算多少？

王：这五个好马，我算的该六十两；这十个歹马，我算的该八十两。

牙：似这般价钱，其实卖不得。如今老实的价钱说与你。两家依着我说，交易了如何？

王：我且听你定的价钱。

牙：这五匹好马，每一匹八两银子，通该四十两；这十个歹马，每一个六两银子，通该六十两。共通一百两，成了罢。

　　高：似你这般定价钱，就是高丽地面里也买不得。那里是实要买马的？只是胡商量的。

　　买：这个客人，你说甚么话？不买时害风那，做甚么来这里商量？

　　王：这马，恰才牙家定来的价钱还亏着我了。

　　买：你这般的价钱不卖，你还要想甚么？

　　牙：你两家休只管叫唤，买的添些个，卖的减了些个。再添五两，共一百零五两，成交了罢，天平地平。买主你不添价钱，也买不得；卖主多指望价钱，也卖不得。

　　边头立地闲看的人说：这牙家说的价钱，正是本分的言语。

　　买：罢，罢，咱们只依牙家的言语成了罢。

　　王：既这般时，价钱还亏着我。只是一件，低银子不要与我，好银子与我些。

　　买：咳，低银我也没，我的都是细丝官银。

　　王：既是好银时，咱先看了银子，写契。

　　买：这们便布袋里取银子来，着牙人先看。你卖主自家看，里头没有一锭儿低的。

　　王：这银子虽是看了，真假我不识。你记认着。久后使不得时，我只问牙家换。

　　买：我有认色了，不拣几时要换。

　　王：文契着谁写？

　　买：牙家就写。

　　牙：这契写时，一总写么，分开着写？

　　王：休总写。总写时，怎么转卖与人？你各自写着。

　　牙：你这马是一个主儿的那，是各自的？

　　王：这马是四个主儿的，各自有数目。你从头写我的马契。

　　牙：你的马是家生的那，元买的？

　　王：我的是元买的。

　　牙：你在那里住，姓甚么？

　　王：我在辽东城里住，姓王，写着王某着。

牙：我写了这一个契了，我读你听：辽东城里住人王某，今为要钱使用，遂将自己元买到赤色骟马一匹，年五岁，左腿上有印记，凭京城牙家羊市角头街北住坐张三作中人，卖与山东济南府客人李五永远为主。两言议定，时值价钱白银十二两，其银立契之日一并交足，外没欠少。如马好歹，买主自见；如马来历不明，卖主一面承当。成交已后，各不许番悔。如先悔的，罚官银五两，与不悔之人使用无词。恐后无凭，故立此文契为用者。某年月日，立契人王某，押。牙人张某，押。

其余的马契都写了也。

牙：咱们算了牙税钱着。旧例买主管税，卖主管牙钱，你各自算将牙税钱来。

王：我这一百零五两，该多少牙税钱？

牙：你自算：一两该三分，十两该三钱，一百零五两，牙税钱该三两一钱五分。

牙税钱都算了。

王：我这马契几时税了？

买：这的有甚么难，你着一个火伴跟我去来，到那里便了。更不时，你都只这里等候着，我去税了，送将来与你。

买：我不曾好生看，这个马元来有病。

牙：有甚么病？

买：那鼻子里流脓，是瘵马。我怎么敢买将去？不争将去时，连其余的马都染的坏了。

牙：这们的，你要番悔？

买：我委实不要。

牙：你既不要时，契上明白写着：如马好歹，买主自见，先悔的罚银五两。"官凭印信，私凭要约。"你罚下银五两与他卖主，悔将去便是。不须恼懆。

这们时，你拿出这个马契来，问他们元定价钱内中，除了五两银子做番悔钱，扯了文契着。

王：这个马悔了，该着八两银价钱。你要过的牙钱，通该着一钱二分。你却回将来。

买：那们时，回与你。你都这里等候着，我税契去。

王：要甚么等你？我赶着马，下处兑付草料去。你税了契时，到明日，我下处送来。

相别散了。

王：你这人参、布匹不曾发落，还有些时住里。我别没甚买卖，比及你卖布的其间，我买些羊，到涿州地面卖去。走一遭回来，咱们商量别买货物如何？

高：这们时也好。你买羊时，咱们一处去来，我也闲看价钱去。

到街上立地的其间，一个客人赶着一群羊过来。

王：大哥，你这羊卖么？

卖：可知卖里。你要买时，咱们商量。

王：这个羝羊、臊胡羊、羯羊、羖䍽羔儿、母羖䍽，共通要多少价钱？

卖：我通要三两银子。

王：量这些羊，讨这般大价钱！好绵羊却卖多少？

卖：讨的是虚，还的是实。你与多少？

王：你这们胡讨价钱，我还你多少的是？

卖：你说的是。这们，便我减了五钱着。

王：你来，你休减了五钱，你说老实价钱，只一句儿话还你：我与你二两银，肯时便卖，你不肯时，赶将去罢。

卖：休要只说二两，你再添五钱，卖与你。

王：添不得，肯时肯，不肯时罢。

卖：我是快性的，捡好银子来。临晚也，我滥贱卖与你。

王：火伴，你再下处好去坐的着，我赶着羊，到涿州卖了便回来。我恰寻思来，这几个羊也当走一遭？既要去时，我有些余剩的银子，闲放着怎么？一发买段子将去。

高：咱们铺里商量去来。

王：卖段子的大哥，你那天青胸背、柳青膝栏、鸭绿界地云、鹦哥绿宝相花、黑绿天花嵌八宝、草绿蜂赶梅、柏枝绿四季花、葱白骨朵云、桃红云肩、大红织金、银红西蕃莲、肉红缠枝牡丹、闪黄笔管花、鹅黄四云、

柳黄穿花凤、麝香褐膝栏、艾褐玉砖阶、蜜褐光素、鹰
背褐海马、茶褐暗花，这们的绫丝和纱罗都有么？

　　卖：客人，你要南京的那，杭州的那，苏州的那？

　　王：大哥，南京的颜色好，又光细，只是不耐穿。
杭州的经纬相等。苏州的十分浇薄，又有粉饰，不牢壮。
你有好绫子么？

　　卖：你要甚么绫子？

　　王：我要官绫子，那嘉兴绫子不好。

　　卖：客官，你要绢子么？我有好山东大官绢、谦
凉绢、易州绢、倭绢、苏州绢、水光绢、白丝绢。

　　王：我只要大官绢、白丝绢、苏州绢、水光绢，其
余的都不要。你有好丝么？我多要些。

　　卖：要甚么丝？

　　王：我要白湖州丝、花拘丝，那定州丝不要。

　　卖：这段匹绫绢纱罗等项，你都看了，你端的要
买甚么段子？

王：别个不要，只要深青织金胸背段子。我老实
对你说，不是我自穿的，要拿去别处转卖，寻些利钱的。
你老实讨价钱。

店：这织金胸背要七两。
王：你休这般胡讨，倒误了你买卖。我不是利家，
这段子价钱我都知道。这织金胸背是苏州来的草段子，
你讨七两时，这南京来的清水织金绒段子却卖多少？

店：不须多说，你既知道价钱，你与多少？
王：这织金胸背与你五两，是实实的价钱。你肯
时我买，不肯时我别处商量去。

店：你既知道价钱，要甚么多说？捡好银子来，卖
与你。
王：这段子买了也。咱们再商量，这个柳青绉丝
有多少尺头，勾做一个袄子么？

店：你说甚么话？满七托有余，官尺里二丈八，裁
衣尺里二丈五。你一般身材做袄子时，细褶儿也尽勾了。
若做直身袄子，也有剩的。

王：你打开，我托看。那里满七托，刚刚的七托少些。

店：你身材大的人，一托比别人争多。

王：这段子地头是那里的？

店：你说是"我识货物"，却又不识。这段子是南京的，不是外路的。你仔细看，没些个粉饰，好清水段子。

王：要多少价钱？

店：这段子价钱谁不知道？要甚么讨价钱？若讨时，讨五两，老实价钱四两，拿银子来便是。

王：这段子也买了。

王：你这鞍子、銮头、鞦、攀胸、鞊、鞍桥子、雁翅板、镫鞯皮、肚带、接络、笼头、包粪、编缰、缰绳、兜颏、闸口、汗替、皮替、替子，都买了。再买一张弓去。

（王）到卖弓的房子里问道：有卖的好弓么？

店：可知有，没时，做甚么买卖里？

王：你将这一张黄桦弓上弦着，我试扯，气力有时我买。

店：新上了的弓，慢慢的扯。

王：是好弓时怕甚么扯？这弓把里软，难扯，没回性。

店：这弓你却是胡驳弹，这的弓你还嫌甚么!

王：由他说，"驳弹的是买主"。这一张弓为甚么不桦了？

店：你不理会的。这弓最好，上等弓，若桦了时，买的人不信。教人看了面子上的角、背子上铺的筋，商量了价钱，然后桦了也不迟里。

王：这弓卸下，驱子小些个，弰儿短。弓也买了也。有卖的弓弦时将来，我一发买一条，就这里上了这弓着。

店：弦有，你自拣着买。

王：这的忒细，这的却又粗笨，似这一等儿着中，恰好。这弓和弦都买了也。再买几只箭。

店：这钛子、虎爪、鹿角朴头、响朴头、艾叶、柳叶、迷针箭。这箭竿是竹子的，这的是木头的。

王：再买这弓箭撒袋，诸般的都买了也。再买些碗子什物，锅儿、锣锅、荷叶锅、两耳锅、瓷盘子、木碟子、漆碟子，这红漆匙、黑漆匙、铜匙，红漆箸、铜箸，三脚、甑儿，这盘子是大盘子、小盘子、漆碗。这漆器家火，一半儿是通布裹的，一半儿是胶漆的。再有些薄薄的生活。其余的都是布裹的，是主顾生活，其余的都是市卖的。

今日备办了些个茶饭，请咱们众亲眷闲坐的。公公、婆婆、父亲、母亲、伯伯、叔叔、哥哥、兄弟、姐姐、妹子、外甥、侄儿、侄女、舅舅、女婿、妗子，又婶母、姨姨、姑姑、姑夫、姨夫、姐夫、妹夫、外甥女婿、叔伯哥哥兄弟、姑舅哥哥兄弟、房亲哥哥兄弟、两姨哥哥兄弟、亲家公、亲家母、亲家伯伯、亲家舅舅、亲家姨姨，使唤的奴婢，都请将来，拦门盏儿都把了，请家里坐的。（此后为简短对话，至第 139 页重回主线故事。）

今日些小淡薄礼，虚请亲眷。酒也醉不得，茶饭也饱不得，休怪。

休这般说，不当。教你一日辛苦。我们酒也醉了，茶饭也饱了。你休怪。

　　如今正是腊月，天气寒冷，拾来的粪将来，炕着些火热手脚。

　　粪拾在筐子里头，收进来，休教别人将去了。

　　这车子折了车辋子、辐条将来，可惜了。

　　咱们后头不修理那。车轴、车钏、车辋、车头、车梯、车厢、车辕、绳索都好。

　　楼子车、库车、驴骡大车、坐车儿，都好生房子里放着，休教雨雪湿了。

　　似这般冷时，咱们远垜子放着射，赌一个羊。

　　咱们六个人，三棚儿箭勾射了。

　　那边先射过来。人叫唤"大了""才射的歪了""高些个射，休小了""低射时，窜到了"。

　　谁赢谁输，由他。

　　你看，早里，一会儿再添一枝箭时，咱们满了。

　　我赢了，输了的做宴席着！

　　咱们做汉儿茶饭着。头一道团撺汤，第二道鲜鱼汤，第三道鸡汤，第四道五软三下锅，第五道干按酒，第六道灌肺、蒸饼、脱脱麻食，第七道粉汤、馒头，打散。

　　咱们点看这果子菜蔬，整齐么不整齐？这藕菜：黄瓜、茄子、生葱、薤、蒜、萝卜、冬瓜、葫芦、芥子、蔓菁、赤根、海带。这按酒：煎鱼、羊双肠、头、蹄、肚儿、睛、脆骨、耳朵。这果子：枣儿、干柿、核桃、干葡萄、龙眼、荔支、杏子、西瓜、甜瓜、柑子、石榴、梨儿、李子、松子、砂糖蜜栗子。这肉都煮熟了。脖项骨、背皮、肋扇、前膊、后腿、胸子，却怎么不见一个后腿？

　　馒头馅儿里头使了。

　　汤水茶饭都完备了，日头落了，疾忙抬肉时散着。
　　咱们今日宴席吃了多少酒？
　　吃了二两银的酒。

　　咱们通是十数个人，怎么吃二两银的酒？
　　也不只十数个人吃，下头伴当们偏不吃？
　　这宴席散了。

　　我有些脑痛头眩。请太医来诊候脉息，看甚么病。
　　太医说：你脉息浮沉，你敢伤着冷物来？
　　我昨日冷酒多吃了。

那般时，消化不得，因此上脑痛头眩，不思饮食。我这药里头与你些克化的药饵，吃了便教无事。消痞丸、木香分气丸、神芎丸、槟榔丸，这几等药里头，堪服治饮食停滞，只吃一服槟榔丸。食后吃，每服三十丸，生姜汤送下。吃了时便动脏腑，动一两次时，便思量饭吃。先吃些薄粥补一补，然后吃茶饭。

明日太医来问："你好些个么？"

今日早晨才吃了些粥，较好些了，明日病痊疴了时，太医上重重的酬谢。

咱们每年每月每日快活，春夏秋冬一日也不要撇了。咱人今日死的，明日死的，不理会得。安乐时不快活时，真个呆人。死的后头，不拣甚么，都做不得主张，好行的马别人骑了，好袄子别人穿了，好媳妇别人娶了。活时节着甚么来由不受用？

大概人的孩儿，从小来好教道的成人时，官人前面行着。他有福分时，官人也做了。若教道他不立身，成不得人，也是他的命也。咱们尽了为父母的心，不曾落后。你这小孩儿，若成人时，三条路儿中间里行着：

别人东西休爱，别人折针也休拿，别人是非休说。若依着这般用心行时，不拣几时，成得人了。常言道："老实常在，脱空常败。"休做贼说谎，休奸猾懒惰。官人们前面出不得气力行时，一日也做不得人。

火伴中间，自家能处休说，休自夸；别人落处休笑。船是从水里出，旱地里行不得，须要车子载着。车子水里去时，水里行不得，须用船里载着。一个手打时响不得，一个脚行时去不得。咱们人厮将就厮附带行时好。又这火伴们，好的歹的，都厮扶助着行。人有好处扬说着，人有歹处掩藏着。常言道："隐恶扬善。"若是隐人的德，扬人的非，最是歹勾当。

咱们做奴婢的人，跟着官人们行时，这里那里下马处，将官人的马牵着，好生拴着。肥马凉着，瘦马鞍子摘了，绊了脚，草地里撒了，教吃草。布帐子疾忙打起着，铺陈整顿着，房子里搬入去着。鞍子辔头，自己睡卧房子里放着，上头披毡盖着。那的之后，锣锅安了着，疾忙茶饭做着。肉熟了，捞出来。茶饭吃了时，碗子家具收拾了。官人们睡了时，教一个火伴伺候着。若这般谨慎行时，便是在下人扶侍官长的道理。

　　咱们结相识行时，休说你歹我好，朋友的面皮休教羞了。亲热和顺行时，便是一个父母生的弟兄一般，相待相顾盼着行。朋友们若困中没盘缠时，自己钱物休爱惜，接济朋友们使着。朋友若不幸遭着官司口舌时，众朋友们向前救济着；若不救时，旁人要唾骂。有些病疾时，休回避，请太医下药看治着，早起晚夕休离了，煎汤煮水问候着。若这般相看时，便有十分病也减了五分。朋友有些病疾，你不照觑他，那病人想着没朋友的情分，凄惶时，纵有五分病，添做十分了。

　　咱们世上人做男儿行时，自己祖上的名声休坏了。凡事要谨慎行时，卓立的男子。父母的名声辱么了时，别人唾骂也。父母在生时，家法名声好来，田产家计有来，孳畜头口有来，人口奴婢有来。爷娘亡没之后，落后下的孩儿们不务营生，教些帮闲的泼男女，狐朋狗党，每日穿茶房，入酒肆，妓女人家胡使钱。众亲眷、街坊老的们劝说："你为甚么省不得，执迷着心？"回言道："使时使了我的钱，坏时坏了我的家私，干你甚么事？"因此上众人再不曾劝他，随着他胡使钱。每日十数个帮闲的，家里媳妇孩儿吃的、穿的都是这呆厮的钱。骑的马三十两一匹好窜行马，鞍子是时样减银事件的好鞍罟，通使四十两银。

穿衣服时，按四时穿衣服，每日脱套换套。春间，好青罗衣撒，白罗大搭胡，柳绿罗细褶儿。到夏间，好极细的毛施布布衫，上头绣银条纱搭胡，鸭绿纱直身。到秋间是罗衣裳。到冬间，界地绉丝袄子、绿绸袄子、织金膝栏袄子、茶褐水波浪地儿四花袄子、青六云袄子、茜红毡段蓝绫子裤儿、白绢汗衫、银褐绉丝板褶儿、短袄子、黑绿绉丝比甲。这般按四时穿衣裳。系腰时，也按四季。春里系金条环。夏里系玉钩子，最低的是菜玉，最高的是羊脂玉。秋里系减金钩子，寻常的不用，都是玲珑花样的。冬里系金厢宝石闹装，又系有综眼的乌犀系腰。

头上戴的好貂鼠皮披肩，好缠棕金顶大帽子。这一个帽子，结裹四两银子。又有绉丝刚叉帽儿，羊脂玉顶子，这一个帽子结裹三两银子。又有天青绉丝帽儿、云南毡帽儿，又有貂鼠皮狐帽，上头都有金钉子。

穿靴时，春间，穿皂麂皮靴，上头缝着倒提云。夏间，穿狨皮靴。到冬间，穿嵌金线蓝条子白麂皮靴，毡袜穿好绒毛袜子，都使大红绉丝缘口子。一对靴上都有红绒雁爪。那靴底都是两层净底，上的线，蜡打了，锥儿细，线粗，上的分外的牢壮好看。

吃饭时，拣口儿吃。清早晨起来，梳头洗面了，先吃些个醒酒汤，或是些点心，然后打饼熬羊肉，或白煮着羊腰节胸子。吃了时，骑着鞍马，引着伴当，着几个帮闲的盘弄着，先投大酒肆里坐下，一二两酒肉吃了时，酒带半酣，引动淫心，唱的人家里去。到那里，教那弹弦子的谎厮们捉弄着，假意儿叫几声"舍人公子"，早开手使钱也。那钱物只由那帮闲的人支使，他只妆孤，正面儿坐着做好汉。那厮们将着银子花使了，中间克落了一半儿，养活他媳妇、孩儿。一个日头，比及到晚出来时，至少使三四两银子。后来使的家私渐渐的消乏了，人口、头匹、家财、金银器皿都尽卖了，田产、房舍也典当了，身上穿的也没，口里吃的也没。帮闲的那厮们，更没一个肯偢睬的。如今跟着官人拿马，且得暖衣饱饭。

王：我买这货物要涿州卖去。这几日为请亲眷筵席，又为病疾耽阁，不曾去的，我如今去也。火伴，你落后好坐的着。我到那里卖了货物便来。

高：你好去着。我卖了这人参、毛施布时，不拣几日，好歹等你来，咱商量买回去的货物。你是必早来。

店主人家引着几个铺家来，商量人参价钱。

买：这参是好么？将些样参来我看。这参是新罗参也，着中。

高：你说甚么话？这参绝高，怎么做着中的看？

牙家说：你两家不须折辨高低。如今时价五钱一斤，有甚么商量？

买：你这参多少斤重？

高：我这参一百一十斤。你称如何？

买：我的是官称，放着印子里，谁敢使私称？

高：这价钱一定也，我只要上等官银，见要银子，不赊。

买：怎那般说？银子与你好的，买货物的，那里便与见银？须要限几日。

牙：你两家休争，限十个日头还足价钱。

高：这般时，依着牙家话。

买：这参称了，只有一百斤。你说一百一十斤，那一十斤却在那里？

高：我家里称了一百一十斤，你这称大，因此上折了十斤。

买：那里称大？这参你来时节有些湿，如今干了，因此上折了这十斤。

高：这参做了五分儿分了，一个人二十斤家。每一斤五钱，二十斤该十两，通计五十两。

又店主人家引将几个买毛施布的客人来。

买：你这毛施布，细的价钱，粗的价钱，要多少？

高：细的上等好布，要一两二钱，粗的要八钱。

买：这黄布，好的多少价钱，低的多少价钱卖？

高：这一等好的一两，这一等较低些的七钱家。

买：你休胡讨价钱，这布如今见有时价。我买时，不是买自穿的，一发买将去要觅些利钱。我依着如今的价钱还你：这毛施布，高的一两，低的六钱；这黄布，高的九钱，低的五钱。我不赊你的，一顿儿还你好银子。

牙家说：他们还的价钱是着实的，你客人们辽东新来，不理会得这着实的价钱。你休疑惑，成交了罢。

高：这们时，价钱依着你。银子依的我时，成交；依不得我时，我不卖。我这低银子都不要，你只馈我一样的好银子。

买：似你这般都要官银时，亏着我。

高：待亏你多少？肯时，成交；不肯时，你别处买去。

买：这们时，与你这好银子买。

买：你这布里头长短不等，有勾五十尺的，也有四十尺的，也有四十八尺的，长短不等。

高：这布都是地头织来的，我又不曾剪了稍子，两头放着印记里。

买：似这一个布，经纬都一般，便是鱼子儿也似匀净的。似这一等经纬不等，织的又松，却不好。买的

人多少驳弹，急且难着主儿。似这等布宽时好，这几个
布忒窄。

　　高：窄时偏争甚么？也一般卖了。

　　买：你怎么说那等的话？宽时，做衣裳有余剩，又
容易卖。窄时，做衣裳不勾，若少些时，又要这一等的
布零截，又使一钱银。为这上，买的人少。

　　牙：要甚么闲讲？算了价钱，看了银子。

　　买：你是牙家，你算了着，该多少？

　　牙：上等毛施布一百匹，每匹一两，共该一百两。
低的三十匹，每匹六钱，共通一十八两。

　　高：都与好银子是。

　　买：委实没许多好银子，敢只到的九十两，那零
的二十八两，与你青丝如何？

　　牙：客人看，这偌多交易，要甚么争竞？这些个
银子是好青丝，比官银一般使。

　　高：这们时，依着你，将好青丝来。

　　买：这银子都看了，我数将布去。

高：你且住着。这银子里头，真的假的，我高丽人不识。你都使了记号着，牙家眼同看了着，后头使不得时，我只问牙家换。却不当面看了见数，出门不管退换。

买：怎么说？

高：你这们惯做买卖的人。我一等不惯的人根前多有欺瞒。使着记号着，大家把稳。

买：这一百两做一包，这的是一百一十八两。

那几个客人将布子去了。

高：咱们人参价钱也都收拾了，货物都发落了。咱们买些甚么回货去时好？（商量其间，涿州买卖去来的火伴到来相见。）好么，好么！买卖称意么？

王：托着哥哥们福阴里，也有些利钱。你的货物都卖了不曾？

高：我货物都卖了，正要买回去的货物，寻思不定，恰好你来到。

王：你要买甚么货物？

高：我知他甚么好拿去？大哥，你与我摆布着。

王：我曾打听得，高丽地面里卖的货物，十分好的倒卖不得，只宜将就的货物，倒着主儿快。

高：可知，大哥你说的正是，我那里好的歹的不识，只拣贱的买。正是宜假不宜真。

王：我引着你买些零碎的货物：红缨一百斤，烧珠儿五百串，玛瑙珠儿一百串，琥珀珠儿一百串，玉珠儿一百串，香串珠儿一百串，水精珠儿一百串，珊瑚珠儿一百串，大针一百帖，小针一百帖，镊儿一百把，苏木一百斤，毡帽儿一百个，桃尖棕帽一百个，琥珀顶子一百副，结棕帽儿一百个，面粉一百匣，绵胭脂一百个，腊胭脂一百斤，牛角盒儿一百个，鹿角盒儿一百个，绣针一百帖，枣木梳子一百个，黄杨木梳子一百个，大篦子一百个，密篦子一百个，斜皮针筒儿一百个，大小刀子共一百副，双鞘刀子一十把，杂使刀子一十把，割纸细刀子一十把，裙刀子一十把，五事儿十副，象棋十副，大棋十副，双六十副，茶褐栾带一百条，紫条儿一百条，压口荷包一百个，剃头刀子一百把，剪子一百把，锥儿一百个，秤三十连，等子十连。那秤、等子都是官做的，秤竿、秤锤、毫星、秤钩子都有。

再买些粗木绵一百匹，织金和素段子一百匹，花样段子一百匹。更有小孩儿们小铃儿一百个，马缨一百颗，减铁条环一百个。更买些文书：一部《四书》，都是晦庵集注。又买一部《毛诗》、《尚书》、《周易》、《礼记》、五子书、韩文、柳文、东坡诗、《诗学大成押韵》、《君臣故事》、《资治通鉴》、《翰院新书》、《标题小学》、《贞观政要》、《三国志评话》。这些货物都买了也。

高：我拣个好日头回去。我一发待算一卦去。

王：这里有五虎先生，最算的好，咱们那里算去来。

到那卦铺里坐定，问先生：你与我看命。

算：你说将年月日生时来。

高：我是属牛儿的，今年四十也，七月十七日寅时生。

算：你这八字十分好，一生不少衣禄，不受贫。官星没有，只宜做买卖，出入通达。今年交大运。丙戌已后财帛大聚，强如已前数倍。

高：这们时，我待近日回程，几日好？

算：且住，我与你选个好日头。甲乙丙丁戊己庚辛壬癸是天干，子丑寅卯辰巳午未申酉戌亥是地支，建除满平，定执破危，成收开闭。你只这二十五日起去，寅时往东迎喜神去，大吉利。

高：五分卦钱留下着。

各自散了。到二十五日起程，辞别那汉儿火伴。已前盘缠了的火帐都算计明白。

高：大哥，我们回去也，你好坐的着。我多多的定害你，你休怪。

王：咱们为人，四海皆兄弟。咱们这般做了数月火伴，不曾面赤。如今辞别了，休说后头再不厮见。山也有相逢的日头，今后再厮见时，不是好弟兄那甚么？

朴通事谚解

结婚

别处一个官人娶娘子，今日做筵席。

女孩儿那后婚？

今年才十六的女孩儿。

下多少财钱？

下一百两银子，十表十里，八珠环儿，满头珠翠，金厢宝石头面，珠凤冠，十羊十酒里。

那女孩儿生的十分可喜？

俊如观音菩萨。好刺绣生活，百能百巧的。

几时下红定？

这月初十立了婚书，下了定礼。半头娶将来做筵席，第三日做圆饭筵席了时，便着拜门。对月又做个大筵席，女孩儿家亲戚们都去会亲。

可知都去里。

那官人是今年十九岁，好文章，诸般才艺，无计算的钱粮。媒人也有福，正着了，也多寻钞。

可知有福里。依体例十两里一两家除时，得十两银子。

这两口儿夫妻好爽利。常言道："一夜夫妻百夜恩。"

生孩子

你姐姐曾几时吃粥来？

恰三日也。

小厮儿那女孩儿？

一个俊小厮。

好！好！只怕产后风、感冒，说与你姐姐，好生小心着，休吃酸甜腥荤等物，只着些好酱瓜儿就饭吃。满月过了时，吃的不妨事。满月日老娘来，着孩儿盆子水里放着，亲戚们那水里金银珠子之类，各自丢入去。才只洗了孩儿，剃了头，把孩儿上摇车。买将车子来，底下铺蒲席，又铺毡子，上头铺两三个褯子，着孩儿卧着，上头盖着他衣裳，着绷子拴住了，把溺葫芦正着那窟笼里放了，把尿盆放在地下，见孩儿啼哭时，把摇车摇一摇便住了。做满月，老娘上赏银子、段匹。百岁日又做筵席，亲戚们都来庆。把孩儿又剃了头，顶上灸。那一日，老娘上又赏。如今自奶那，寻奶子？

寻一个好妇人奶。一个月二两奶子钱，按四时与他衣服。养孩儿好难。

可知难里！怀躭十月，乳哺三年，推干就湿，千辛万苦，养大成人。因此上，古人道："养子方知父母心。"

逗小孩

这孩儿几个月也？

　　九个月了，不到一生日里。擤了他脓带，揩的干净着。会爬么？

　　爬得。

　　这奶子也好不精细，眼脂儿眼角里流下来，不曾揩来。我馈你揩的干净着。孩儿，腕搭儿，腕搭儿。把那手来提的高着，打光光，打凹凹。这孩儿亭亭的么？

　　恰学立的，腰儿软，休弄他。

　　不妨事，我试一试。

　　休跌了孩儿。那一日吃了一跌，额头上跌破了，娘子见了时，聒噪难听。

　　你说的是。你好生用心看守着，不用心收拾时怪你。过了一生日时，便那的步儿，我也做馈他一对学行的绣鞋。

出殡

　　曹大家里人情来么？

　　甚么人情？

　　却不没了老曹来。

我不曾知道来。出殡也么？

今早起出殡来。

几岁了？

今年才三十七岁。

咳，年纪也小里。留几日来？

三来。

阴阳人是谁？

朱先生来。殃榜横贴在门上，你过来时不曾见？

我不曾见。写着甚么里？

写着：壬辰年二月朔丙午十二日丁卯，丙辰年生人，三十七岁，艮时身故，二十四日丁时殡，出顺城门。巳、午、亥、卯生人忌犯里。

黑衣道场里你有来么？

我有来。为头儿门外前放一个桌儿，上头放坐一尊佛像。明点灯烛，摆诸般茶果等味。请佛入到殡前，吹锣打钹，播鼓撞磬，念经念佛，直念到明。供养的是豆子粥、馜子烧饼、面茶等饭。临明吃和和饭。

多早晚入敛来？

丑时入敛。仵作家凭魂车、纸车、影亭子、香亭子、诸般彩亭子、花果、酒器、家事，都装在桌儿上抬着。又是魂马、衣帽、靴带之类，十对幢幡、宝盖、螺钹、鼓磬。咳，那小孩儿可怜见，穿着斩衰。

谁碎盆来？

曹大就门前碎盆。送殡的官人们有甚么数目。都系着孝带。

尸首实葬了那怎的？

烧人场里烧着，寺里寄着里。

咳！苦哉，苦哉！"置下千百口，临死独自当。三寸气在千般有，一日无常万事休。"

上坟

你怎么才来？

早起家里有客人来，打发他去才来。咱官人在那里？

官人在文渊阁，官里前面看书画里。一会儿吃罢汤时便上马。

上马往那里去？
今日上坟去。

上了坟回来怎的？
今日到黄村宿，明日就那里上了坟，吃筵席，尽晚入城来。各衙门官人们今日都请下了。

八舍，你却那里去？
我家里取毡衫和油帽儿，我不理会得，不曾将的来。

你将两个油纸帽儿来，借与我一个。
我只有一个油绢帽儿里。孟舍有两个油纸帽儿，你问他借时便馈你。

那厮那里肯馈，不通人情不得仁义的小厮。
怎么不与你，又不吃了他的。你自尽一尽。

咱们的马怎的喂？

官人的伴当处，散馈喂马的草料钱。

那般时省气力。

吃茶

请哥这茶房里吃些茶去来。

坐的，哥。

茶博士们问：客官人们吃甚么茶？

先吃甜的金橘蜜煎、银杏煎，再将凉酪来。卖榛子的你来，我和你拿榛子。一霎儿赢了二升多榛子，干的那些榛子吃，倒省钱。

卖刷子的将来。这帽刷、鞋刷各一个，刷牙两个，掠头两个怎么卖？

这的有甚么商量处？将二百铜钱来。

哥，我与你这一个刷牙、一个掠头，将去使，休吊了。

不妨事，我靴靿里揣将去。李舍哥好生定害你。

有甚么定害处，心里好着，明日再厮见。

吃饭

咱们食店里吃些饭去来。
午门外前好饭店，那里吃去来。

咱各自爱吃甚么饭各自说。过卖你来，有甚么饭？
官人们各自说吃甚么饭。羊肉馅馒头、素酸馅稍麦、匾食、水精角儿、麻尼汁经卷儿、软肉薄饼、饼锗、煎饼、水滑经带面、挂面、象眼粸子、柳叶粸子、芝麻烧饼、黄烧饼、酥烧饼、硬面烧饼都有。

烧饼粸子你店里有么？
官人们要时，这间壁磨房取将来。

你来，饮汁热着，零碎和生姜、料物、葱、蒜、醋、盐都将来。咱各自尽饱吃。过卖，你这饭只要干净，休着冷了。
官人们这的不消说。我管甚么？请也请不来。我用心伏侍官人们，常言道："一个去，百个来。"

拜会

好大舍，那里下着里？

小人在那东角头堂子间壁下着里。

板闶门那甚么门？

朝南开着一个小墙门便是。

不知道下处，不曾得望去，大舍休怪。

不敢。哥，小人昨日贵宅里留下一个拜帖来，见来么？

是，小人见来。小人每日不在家，大舍夜来干走了一遭。改日回望大舍去，慢慢的说话。

摔跤

郑舍，你来，咱这草地里学摔跤。

咳，那矬汉，你那里抵当的我？

休问他，咱两个交手便见。

谁吃萝卜打噎咈，气息臭的当不的。

敢是这锉汉吃来？

摆忙里说甚么闲话？咱两个摔（zuó），大家休打脸，好好的摔。

傍边看摔挍的人们道：咳，那矬金舍倒了也。

我说不来，你那里迭的我。常言道："矮子打呵欠，气儿不长。"

打球

咱们今日打球儿如何？

咱赌甚么？

咱赌钱儿。

那个新来的崔舍，你也打的么？

我怎么打不的？

你是新来的庄家，那里会打？

不济事，你休问他。我学打着一会。

将我那提揽和皮袋来。拿出球棒来，借与崔舍打。飞棒的杓儿、滚子、鹰嘴、击起球儿都借与你。

咱打那一个窝？

咱且打球门窝儿了，打花台窝儿，却打花房窝儿。

咱打不上的，看那一个球儿老时，着先打。

一霎儿，人闹起来。新来的崔舍三回连打上了。别人道：梦着了也！又把一会，崔舍又打上，众人喝睬道：我不想这新来的庄家快打。这的唤做"人不可貌相，海不可斗量"。怎么小看人？

崔舍道：哥，你们再也敢和我打球么？你十分休小看人。常言道："寸铁入木，九牛之力。"

结兄弟

咱几个好朋友们，这八月十五日仲秋节，敛些钱做玩月会，咱就那一日各自说个重誓，结做好弟兄如何？

好意思！将一张纸来，众朋友们的名字都写着请去。

那个刘三舍如何？

那厮不成，面前背后，到处里破别人、夸自己，说口谄佞，不得仁义的人，结做弟兄时不中。将笔来抹了着。

咱众弟兄们里头，那一个有喜事便去庆贺，有官司灾难便尽气力去救一救。这般照觑，却有弟兄之意。

咱休别了兄长之言，定体已后，不得改别。

这的时，有甚么话说。"君子一言，快马一鞭。"

结兄弟

咱们结相识、知心腹多年了，好哥哥弟兄们里头，一遍也不曾说知心腹的话，咱有一件东西，对换如何？

咱对换甚么东西？

我的串香褐通袖膝栏五彩绣帖里，你的大红织金胸背帖里对换着。

我的帖里怎么赶上你的绣帖里？

打甚么紧那？咱男儿汉做弟兄，那里计较？咱从今已后，争甚么一母所生亲弟兄？"有苦时同受，有乐时同乐，为之妙也。"

过生日

你昨日张千户的生日里，何故不来？

小人其实不曾知道。那里做生日来？

八里庄梁家花园里做来。我也那一日递了手帕之后，吃几盏酒，过两道汤，便上马出来了。

咳，我真个不曾知道来。我也明日到羊市里，五钱银子买一个羊腔子，做人情去，馈他补生日，有甚么迟处？常言道："有心拜节，寒食不迟。"

发达

孙舍那丑厮，那里将那般好衣服、好鞍马来撒样子？

那谎松，一个财主人家里招做女婿来。他如今吃的穿的无处发落里。

哥，你说甚么话，他如今气象大起来，妆腰大模样，只把我这久日弟兄伴当们根底，半点也不睬。

他要变时谁睬他？他敬我五分刺，我也敬他十分；他敬我一分时，我敬他五分。这般时，是人伦弟兄之意。他不敬我时，我敬他甚么屁？

那厮如今到可喜，可知貌随福转。

洗澡

孙舍，混堂里洗澡去来。

我是新来的庄家，不理会的多少汤钱。

我说与你，汤钱五个钱，挠背两个钱，梳头五个钱，剃头两个钱，修脚五个钱，全做时只使得十九个钱。我管着汤钱去来。衣裳、帽子、靴子都放在这柜里头，分付这管混堂的看着。到里间汤池里洗了一会儿，第二间里睡一觉，又入去洗一洗，却出客位里歇一会儿，梳刮头，修了脚，凉定了身己时却穿衣服，吃几盏闭风酒，精神更别有。你休怪，到家慢慢的与你洗尘。

下棋

今日下雨，正好下棋。咱们下一局赌输赢如何？
你那里赢的我？

要甚么合口，眼下交手便见输赢。
你一般浅见薄识的人，那里抵当的我。

咱赌甚么？

咱赌一个羊着。

这们时，有一个输了的便赛杀。
可知便赛，你饶四着时才好。

硬道是着么？我饶四着，咱停下。
罢，罢，来拈子为定。

这一着好利害。杀一杀，八一八，赶一赶，扭将
去打劫。
我输了，这劫时迟了。这个马下了时好。

咳，这官人好寻思，计量大。你的杀子多没眼棋。
咱摆着看。

我不说停下来？你说饶我四着，我却怎么赢了这
三十路棋？
来么兄弟，常言道："高棋输头盘。"

射箭

咱们教场里射箭去来。

这般时，咱们几个去。

咱十数个弟兄们去时勾了。一边五个家分着射。

咱赌甚么？

咱赌一个筵席着。

那般着，你借馈我包指么？

馈你济机。咱各自用心尽气力射。

哥你放心，我独自个射时也赢的。

难道，难道。

你说甚么话？"张弓有别力，饮酒有别肠。"

猜谜

我说几个谜你猜。

你说我猜。

大哥山上擂鼓，二哥来来去去，三哥待要分开，四哥待要一处。

我猜大哥是棒锤，二哥是运斗，三哥是剪子，四哥是针线。你再说我猜着。

当路一科麻，下雨开花，刮风结子。
这的是伞。

一个长大汉撒大鞋，白日去，黑夜来。
这个是灯台。

纥皱毡，纥皱被，纥皱姑娘里头睡。
这个是核桃。

金瓮儿银瓮儿，表里无缝儿。
这个是鸡蛋。

铁人铁马，不着铁鞭不下马。
这个是锁子。

墙上一块土，掉下来礼拜。

这个是雀儿。

一个老子当路睡，过去的过来的弄我的，不知道我的粗和细。

这个是碾子。

墙上一个琵琶，任谁不敢拿他。

这个是蝎子。

家后一群羊，个个尾子长。

这个是樱桃。

一门房子里五个人刚坐的。

这个是靴子。

金罐儿铁携儿，里头盛着白沙蜜。

这个是梨儿。

一个长瓮儿窄窄口，里头盛着糯米酒。

这个是奶子。

满天星宿一个月，三条绳子由你曳。
这个是秤。

两个先生合卖药，一个坐一个跳。
这个是药刀。

弟兄三四个，守着停柱坐。
这个是蒜。

钻天锥，下大水。
这个是塔儿。
咳，都猜着了也，真个是精细人。

学写字

我问你些字样。缝衣裳的"缝"字怎么写？
那的不容易，纽丝傍做"逢"字。

那个"逢"字？
"久"字底下"手"字，着走之的便是。

替代的"代"字怎么写？

"代"字，立人傍做"戈"字便是。

"拖"字怎的写？

才手傍做"人"字下"也"字便是。

"床"字怎的写？

氷（冰）角里"木"字。

"却"字怎么写？

"去"字傍着反耳的便是。

"刘"字怎的写？

"文"字傍着"刀"的便是。

"错"字怎么写？

"金"傍做"昔"字便是。

"宋"字怎么写？

家头下"木"字便是。

"笠"字怎么写？

竹字头下"立"字。

"满"字怎么写？

点水傍做草头底下"雨"字便是。

"么"（麼）字怎么写？

那的不容易，"二"字下一个"丿"，里头一个"林"字，做"么"的便是。

"待"字怎的写？

双人傍做"寺"字便是。

"思"字怎么写？

那"思"字"田"字下"心"字便是。

"东"（東）字怎的写？

一画下"曰"字，一个直老条，一"丿"一"乀"便是。

上学

你今日怎么学里不曾去？

我今日告假来。

你几个学生？

咱学长为头儿四十五个学生。

多少学课钱？

一个月五钱家。

你师傅是甚么人？

是秀才。

你如今学甚么文书？

读《毛诗》《尚书》。

读到那里也？

待一两日了也。

你每日做甚么功课？

　　每日打罢明钟起来，洗脸，到学里，师傅上唱喏，试文书的之后，回家吃饭，却到学里上书念一会，做七言四句诗。到晌午，写仿书。写差字的，手心上打三戒方。

　　好！好！你休撒懒，街上闲游荡，越在意勤勤的学着。如今国家行仁义，重诗书，你学的成人长大，应科举得做官，辅国忠君，孝顺父母，光显门闾时如何？

　　这的便是："立身行道，扬名于后世，以显父母，孝之终也。"

老乡来

你几时来？
大前日来了。

我家里书信有么？
稍将来了。

我父母都身己安乐么？

　　老官人为头儿，大小家眷、小娃娃们，以至下人们都身己安乐。贵眷稍的十个白毛施布、五个黄毛施布、五个黑帖里布，小人将来这里。

谢你将偌多布匹来。今年马价如何？

今年较贱些个，且喂几日卖时好如今卖，时出不上价钱。

老乡来

拜揖赵舍。几时来了？

昨日恰来到。

你船路里来那，旱路里来？

我只船上来了。

你说我地面里的田禾如何？

今年那里庆尚、全罗、黄海、忠清、江原各道里，十分好田禾。

谢天地，只愿的好收着。听的今年水贼广，是那不是？

我来时节，五六个贼船，围着一个西京来的载黄豆的船，又高丽地面里来载千余筒布子的大船，冲将去了。后头听的，那贼们把那船上的物件都夺了，把那船上的人来打杀了。

那丁舍，你几时来？
我赶着一百匹马，大前日来了。

马们都好将来也么？
来时节，到迁民镇口子里，抽分了几个马，到三河县抽分了几个马，瘦倒的倒了，又不见了三个，只将的八九十个马来。到通州卖了多一半，到城里都卖了。

草料贵贱？
我来时节黑豆一钱银子二斗，草一钱银子十一个家大束儿。

今年好生贱了。
我不会汉儿言语，又不会做饭，我这吴舍生受服事我来。这的是"远行知马力，日久见人心"。

乡物

我奶奶使的我说将来，大娘身子好么？这几日高丽地面里来的这海菜、干鱼、脯肉，馈婆婆口到些。

好意思，好意思。女儿，说与你奶奶，这般稀罕的好物，重意的多与将来。我这里好生多吃了。再有一件，酱曲今年没处寻，一发稍将些酱曲来最好。

这般的有甚么稀罕，又没多。

咳，这孩儿也好不识，却不说："人离乡贱，物离乡贵。"

求做护膝

我这几日差使出去，好姐姐，你做馈我一副护膝。我没裁帛。

这的你休愁，我有明绿绠丝。护膝上但使的都说与我着，如今铺里买去。

诸般绒线，砌山子、吊珠儿的粗白线，不要纸金要五钱皮金，紫宫素段子一尺。三尺半白清水绢，做带子和里儿。毡子、驼毛我都有，其余的你如今买去。做一对护膝，不算功钱时，没有五六钱银子结果不出来。

　　姐姐不要说，我也知道。你用心做与我，慢慢的把盏。我再央及你，做馈我荷包如何？

　　打甚么紧，你放心，我做馈你送路。

　　多谢姐姐。我回来时，多多的与你人事。

求爱

　　姐姐，我看上你，饭也好生吃不得。常言道："男儿无妇财无主，妇人无夫身无主。"这刬划我这一场愁？

　　咳，你说甚么话？我夫主知道时了不得，再来休说这般不晓事的话。

　　咳，姐姐，我不想你这般烦恼，不妨事，古人道："隔帘听笑话，灯下看佳人。"

　　气杀我也。

　　姐姐，你再寻思我这秋月纱窗一片心。只灭了我这心头火，强如良药治病。

　　怕没治病的心那。只怕同房人搅撒了，又怕窗孔里偷眼儿看。

那的有法度。推出后去的一般出来时，怕甚么？

你且休忙休心焦。"有缘千里能相会，无缘对面不相逢。"两心相照亦不难。

下棋

姐姐来，咱们下鳖棋。

我生活忙，不闲耍。

你做甚么生活？

我做袈裟里。咱们人今日死的明日死的不理会的，做些好因缘时不好？

怪哉！恰十五岁的女孩儿，说这般作怪的言语。

怎么这们说？死不在老少。

虽然这般，你且来么，咱们下一盘。

罢，罢，我忒强时也不是，你敢怪我的模样，将过棋盘来，摆的满着。

咱休拣着摆，只好生和匀着。老实摆着下。

是我先掷。

你怎么先掷？咱比赛。
咱赌甚么？

不要赌甚么，我输了时，不敢违了姐姐的言语；姐姐你输了时，也不要违了我的言语，这般时如何？
不要聒舌，连忙掷。
怎那般道，实说定了时不要改，"先小人后君子"。

去京城

哥你听的么，京都驾几时起？
未里，且早里。把田禾都收割了时，八月初头起。

今年钱钞艰难，京里也没甚么买卖。遭是我不去，往回二千里田地，到那里住三个月，纳房钱空费了。
说的是。不去的倒快活，省多少盘缠。出外时端的是愁杀人。"家贫不是贫，路贫愁杀人。"

僧人说法

南城永宁寺里听说佛去来。一个见性得道的高丽和尚，法名唤步虚，到江南地面石屋法名的和尚根底，作与颂字，回光反照，大发明得悟，拜他为师傅，得传衣钵。回来到这永宁寺里，皇帝圣旨里开场说法里。

说几个日头？

说三日三宿，从今日起，后日罢散。诸国人民，一切善男善女，不知其数，发大慈心，都往那里听佛法去。这的真善智识那里寻去？咱也随喜去来。

你且停一停，我到衙门押了公座便来。咱两个将些布施和香去礼拜供养，做些因缘时好。说道："人生七十古来稀"，不到三岁下世去的也有的。

是里！常言道："今日脱靴上炕，明日难保得穿。"

天冷

咳，今日天气冷杀人，腮颊冻的刺刺的疼，街上泥冻的只是一划狼牙也似，马们怎么当的？铁匠家里去打一对马脚匙来钉上着，我明日通州接尚书去。将交床来，我且外前坐的。

请官人屋里吃饭。

做甚么饭？

干饭也做着里，稀粥也熬着里。

再有甚么就饭的？

干羊脚煮着里。

好，好，饭汤休着冷了，等一会儿吃。如今便入里头去时，冻面皮都打破了，不中。你把那蜡壶瓶汕的干净着，控一控，且旋将酒来吃一盏。这酒忤秃怎么吃？将去再吊一吊。

下雨天

你到那里？

我只到这里来。

雨住了么？

雨晴了也。

街上有路么？

那里见路，一划浠泥曲膝盖深。

那般时，你的靴子怎么干？

我慢慢儿沿着人家房檐底下拣路儿行来。骑马的官人们一套儿衣裳都污了泥。官人那里去？

我别处有些紧勾当去。将我木棉衣撒来穿，马套上辔头，这里将来鞴鞍子，把那尾子挽的牢着。

天热洗澡

咳，今日热气蒸人里，把这帘子都卷起来，把这窗儿都支起着。怎么这般蝇子广？将蝇拂子来，都赶了。将一把扇儿来与我，热当不的。这房子水芹田近，水蛙叫的聒噪。这孩儿们怎么这般定害我？一壁厢去浪荡不的？好歹吃打去。

老子伯伯阿，你敢那？

我儿你来，好孩儿，好孩儿，你弟兄两个的那小厮们，背后河里洗澡去。

定僧你来，咱河里浪荡去来。

咱只这里跳如去，我先跳你看。跳冬瓜跳西瓜，跳的河里仰不搽。

菖蒲席

蚊子咬的当不的！孩儿，你馈我买将草布蚊帐来，打着睡。里头床儿不稳，将碎砖块来，垫的稳着。把这窗孔的纸都扯了，一发着草布糊了，那般却，蚊子怎么得入来？

你家里不有菖蒲来？

有的是里。

你摘馈我些叶儿。

要做甚么？

把那菖蒲叶儿来做席子，铺着睡时，跳蚤那厮近不的。

最好！最好！我只会根儿解酒和做醋，不知叶儿用处，因你要蒲叶，我也学了。

死蚯蚓

不知道那里躏死了一个蜻蜓，我闻了臊气，恶心上来，冷疾发的当不的。拿些水来我漱口，疾忙将苕帚来，绰的干净着，将两根香来烧。我如今不吃饭，等一会吃。且休烧签子，熬些茶芽来我吃。

做米饭

咳，春奴，你看那饭，有些胡拨气。这婆娘好不用意。做的生时也难吃，忒软了也不好，硬了也不中吃。淘的米干净着，早起饭里咬了一块沙子，牙疼的当不的。着水停当着，不要多，也不要少了，恰好着。把那煤炉来掠饬的好着。干的煤简儿有么？

没了，有些和的湿煤。

黄土少些个，拣着那乏煤，一打里和着干不的。着上些煤块子，弄的火快时，眨眼熟了，煮一脚羊肉着。这饭熟了，点将灯来吃饭，盛汤着。

伯伯吃些饭。

好生不吃饭，做的早时，吃些个好来，夜里不敢吃多。

为甚么？

古人道："夜饭少一口，活到九十九。"

生疮

你那腮颊上甚么疮？

不知甚么疮。

从几时出来？

从前日个出来。痒的当不得。

这们时，不碍事，容易医他。不须贴膏药，有个法度便好了。

太医哥，你教与我这好法儿。

将指头那疮口上，着唾沫白日黑夜不住的搽，那们时便消了。

真个好法儿，太医哥不说时，却怎么知道？常言道：

"话不说不知，木不钻不透。"

艾灸

咳，贵人难见，你那里有来？这两日不见，你来怎么这般黄瘦？

我这几日害痢疾，不曾上马。

咳，我不曾知道来，早知道时，探望去好来，你休怪。

不敢，相公。

如今都好了不曾？

一个太医看我，小肚皮上使一针，脚内踝上灸了三壮艾来。如今饭也吃得些个，却无事了。

虚灸那，实灸？

怎么虚灸？将一根儿草来，比着只一把长短铰了，将那草稍儿放在脚内踝尖骨头上，那稍儿到处，把那艾来揉的细着，一个脚上三壮家灸的，直到做灰。这般时，艾气肚里入去，气脉通行便好了。只是腿上十分无气力。

你且休上马，忙甚么？且着干饭、肉汤，慢慢的将息却不好？

看病

我今日脑疼头旋，身颤的当不的。请将范太医来看。太医来这里。

请的屋里来。
好相公，坐的。

小人虚汗只是流水一般，夺脑疼的一宿不得半点睡，与我把脉息看一看。
咳，相公脉息尺脉较沉，伤着冷物的样子，感冒风寒。

是，小人昨日张少卿的庆贺筵席里到来，好哥哥弟兄们央及我，烧酒和黄酒多吃了，生果子也多吃了，来到家里害热时，把一身衣服都脱了，着这小丫头们打扇子。
那般不小心收拾身己，可知得这证候。我如今先

与你香苏饮子，熬两服吃，热炕上烚着出些汗。我旋合
与你藿香正气散，吃了时便无事了。贴儿上写与你引子，
每服三钱，水一盏半、生姜三片、枣一枚，煎至七分，
去滓温服。然后吃进食丸，每日三十丸，温酒送下。我
去也。

生受相公，不违寒生薄面。劳易前来，几时忘这
恩念。

不敢，哥，小人岂敢有违。

"故人诚信病中知。"

害疥

我害疥痒当不的，你的长指甲馈我搯一搯。

我不搯他，满指甲疙瀺和脓水，怎么当？

我说与你，挠时厮剌疼，搯时甜杀人，你馈我搯
一遍儿。我那几日着那小厮搯来，一会儿打顿着挠破了，
我骂他，那厮惶了，又蟒抓了一便，越疼的当不的。

你去更鼓楼北边王舍家里，买将一两疥药来搽一
便，便成疙滓都吊了。

我不知道那家有甚么幌字？

那家门前兀子上，放着一个三脚铁虾蟆儿便是。买将些个来，火盆里弄些火，挠破了疥疮搽那药，火里炙，这般便好了。"休寻海上方，自有神仙药。

担米

那挑脚的，今日开仓么？

今日开。

关米么？我有两个月俸来关。

关几担？

关八担。

郎中，马只寄在这人家里，关出米来，拴马钱与他一捧儿米便是。咱们且商量脚钱着。郎中你在那里住？

我在平则门边住。

你与多少脚钱？

五十个铜钱一担家去来。

平则门离这广丰仓二十里地，五十个铜钱一担时，却不亏着我？

那里有二十里地来？不去时，叫别个。

罢，罢，去来。

郎中，你如今到里头与他一百个斗子钱。监纳官人们处说，着斛起，斗量时不勾（够）。将米贴儿来对官号。西边对筹去。与他小脚儿钱，三十个钱一担家。

将碎贴儿来过筹。布袋不漏么？

新布袋那里怕漏？

将车子来载。

那的有四个小车儿，一车两担家推将去。

不要小车，只着大车上装去，千零不如一顿。

砌墙

今年雨水十分大，水淹过芦沟桥狮子头，把水门都冲坏了。涝了，田禾没一根儿。看那人家墙壁都倒了。你家墙如何？

我家墙也倒了几堵。

如今待秋后，整治怕甚么？
后日是天赦日，去角头叫几个打墙的和坌工来筑墙。

你来，我教与你。多少一板？
二钱半一板家。吃我的饭时，钱半一板。

你来，休爱惜那饭，一日三顿家馈他饱饭吃。着墙板当着墙头拴的牢着，着石杵慢慢儿打，不要忙，着他下工夫打。你再和他商量，假如明年倒了时，管的三年不要功钱打。这般要他文书打了时,五十年也倒不得。

打刀

快打刀子的匠人那里有？我打一副刀子。

有名的张黑子，打的好刀子，着他打不得？你打时怎么打？

起线花梨木鞘儿，鹿角口子，驼骨底子，梁儿、束儿打的轻妙着。紫檀把儿，象牙顶儿，也是走线。

着甚么铁头打？

不要别样铁，着镔铁打。刃儿不要忒厚了，脊儿平正着。

你打几件儿？

大刀子一把，小刀子一把，叉儿一个，锥儿一个，锯儿刀子一个，锯儿上钑（sà）一个，好花样儿，买将条儿来带他。

你这五件儿刀子，这般打的可喜干净时，三钱银子打的。如今张黑子家里去来。

张舍，你来。咱这官人要打一副刀子，好生细详。这五件儿刀子，你用心下功夫打。

这的你不须说，越细详越好，我也用心做生活。

做炕

叫一个泥水匠和两个坌工来，整治这炕壁。

你有泥镘、泥托么？

没家事时算甚么泥水匠？都有里。做炕时，死火炕？烧火炕？

都不要，你只做馈我煤火炕着，前面做一个煤炉。培砖都有么？

都有。

如今疾忙买石灰、麻刀去，将铁杴和鑷来掘土，这里和泥。且打将两担水来，把那麻刀一打里和的匀着。你把那绳子在墙上验的正着。

这一脱儿无处拴，这的高处钻些土，打一个橛子拴不的？

你只朝南做门儿，那西边做一个灶洞。你为甚么这炕面上泥灰的不平正？将泥镘来再抹的光着。枉可惜了饭，一般动脚动手做生活，这般做的不成时，不可惜了工钱？

咳，我到处里做生活时，从来不曾见这般细详的官人。

你说甚么话？"拙匠人，巧主人。"

盖书房

我要盖一座书房，木匠你来咱商量。
相公支分怎的盖？

卷篷样做。
木植都有么？

檩、梁、椽、柱、短柱、叉竖、门框、门扇、吊窗、天窗、只扇、双扇、窗棂，以至升斗、石、砖、培瓦都有。你只去将墨斗、墨篾和镑、锛子、退刨、凿子、斧子、锉子来做生活。我慢慢的旋指分，盖了这房子。那西壁厢打一流儿短墙，上面画六鹤舞琴。前面垒一个花台儿，栽些好名花，临窗看书亦看花。

相公道的正好！正好！别要盖甚么房子？

不要盖，尽勾也。常言道："能盖万间房，夜眠一厦间。"

做弓箭

丑厮你来。叫将那斜眼的弓匠王五来。

王舍来了。

相公。

王五来，我有些央及的勾当，叫的你来。

相公有甚么话说与小人么？

你打馈我两张弓如何？

你要打几个气力的弓？京都棕殿西教场里，官里、前面控柳射弓的多有。

你打十个气力的一张，七八个气力的一张。你来这弓面上铺筋将来，着我看了之后，桦一桦。你用心做的好时，我多与你赏钱。

不敢，相公，岂可望赏？小人奉承的便是。只愿的为头儿射着。

骦带子

你那金带是谁厢的？

是勾栏胡同里带匠夏五厢的。鞓带忒长了，你馈我趱短些。

多少分两？

五两金子厢的。

那三台板儿做得好，南斗六星板儿做得忒圆了些，左辅右弼板儿和两个束儿欠端正些。后面北斗七星板儿做的好，那雀舌儿牢壮便好。

他要多少工钱？

要一两银子。

若厢的好时，也不打紧。你明日领我去，做一条银厢花带。

我知道领你去。

染衣服

染房里染东西去来。

染家你来，看生活。这扬州绫子满七托长，两头有记事，染柳黄，碾的光着。这被面大红身儿，明绿当头，都是抬色的，里儿都全，要染的好看着。这十个绢里，五个大红碾着，五个染小红干色罢。十个绢练的熟到着。这细绵绸染鸦青，摆一摆。这肉红妇人搭忽表儿，改染做桃红，碾到着。商量染钱着。

这柳黄绫，染钱五钱半银子。五个大红绢，每一
匹染钱四钱家，通是二两。五个小红绢，一两五钱。这
鸦青绵绸六钱，被表带里儿八钱，都通染钱是五两四钱
半银子。

你将样子来我看。你来，假如明日这样儿上的颜色，
但有些儿不象时，你便替我再染。我说与你。

那的有甚么话说？几时来取？

外后日来取。准的么？

你放心，不误了你的。

打首饰

张大，你打馈我一个立鳖儿、一个虾蟆鳖儿和蝎
虎盏儿。如今银子如何？

只是如常，元宝我有半锭了，再添上三五两银子
时勾也。

鳖儿打的匾些个，嘴儿、把儿且打下，我看着焊。

你自这里打，炉子、铁锤、钳子、铁枕、锅儿、碎家事，和将沥青来，这里做生活。你看我这帽顶子，账房门上磕着，塌了半边，颜色也都消了，你就馈我掠饬，我不算工钱，多多的赏你。

剃头

叫将那剃头的来。（片刻）你的刀子快也钝？

我剃头的，管甚么来刀子钝？

你剃的干净着，不要只管的刮。刮的多头疼。剃了，撒开头发梳。先将那稀箆子箆了，将那挑针挑起来，用那密的箆子好生箆着。将风屑去的爽利着。梳了，绾起头发来，将那镊儿来，摘了那鼻孔的毫毛。将那铰刀翰耳，捎息来掏一掏耳朵。与你五个铜钱。

种菜

听的卖菜子的过去么？买些菜子儿，后园里种时好。夜来个都收割了麻，种菜来。麻骨一边收拾下着用着。

种甚么菜来？

萝卜、蔓菁、莴苣、葵菜、白菜、赤根菜、园荽、蓼子、葱、蒜、韭、荆芥、薄荷、茼蒿、水萝卜、胡萝卜、芋头、紫苏都种来。

紫苏这厮好吃，把那叶儿摘了，着线串上，吊在一壁厢一冬里熬吃好。水芹菜也修理的好着。叫将翠儿、春喜来，拔野菜去。拔将小蒜、田菁、荠菜、芒荇，都拔将来，把芒荇来煮吃。那厮，你西园里种些冬瓜、西瓜、甜瓜、插葫、稍瓜、黄瓜、茄子。着那丫头菜市里买将些山菜来。买些拳头菜、贯众菜、摇头菜、苍术菜来，我们大家尝新。那厮，把菜园修理的好，休嫌生受，古人道："无功食禄，寝食难安。"

屋漏

每日下雨，房子都漏。

这的有些法度，房上生出那草，养住那水，好生流不下来，只约漏了。你两个小厮，慢慢的上去，把那房上草来，一根一根拔家拔的干净着。你看那瓦有破的时，换个新的。你慢慢儿走，那瓦水润了，无些力气，只怕躐破了。那瓦有破的么？

多有破的。

我不说来，都是你两个小畜生的勾当。每日家寻空便拿雀儿，把瓦来都躐破了。把这生分忤逆呆种杀了有甚么多处？你来听我说，十岁年纪了，学里也不肯去，不学些礼体，无些儿尊贵处。可知道里，古人道："家富小儿娇。"

做新衣

今日几？
今日腊月二十五日。

咳，却早年节下也。却没一件新衣裳，怎么好？将历头我来看。这月是大尽那小尽？

这的大尽。也有五个日头里。五六个妇人们坐的缝时，怎么做不出一套衣裳来？赶也赶上做里。

今日是乙丑日斗星日。且慢着，我看。角安，亢食，氐房益；斗美，牛休，虚得粮；壁翼护财，奎得宝；娄增，轸久，鬼迎祥。今日好日头，斗星日得饮食的日头，好裁衣。将出那段子来裁。这明绿通袖膝栏绣的做帖里，这深肉红界地穿花凤绉丝做比甲，这鸡冠红绣四花做搭护，这鸦青织金打蟒龙的做上盖。

都裁了也。如今便下手缝。

一个不会针线的女孩儿，着他搓各色线。且将那水线来都引了着。你来将那腰线包儿来，拣着十分细的大红腰在线。纽子不要底似大，恰好着，大时看的蠢坌了。又一个女儿缴手帕着，缴的细匀着，三四十个手帕也递不够。

做坏柜子

夜来着李三木匠家里旋做一个柜子，说定与他二两银子，把来做的不成，油的也不好，板子又薄，都是接头补定么，多有节子，事件也不壮，两个鋜钑儿、一个吊儿都不壮，一个薄薄的生活，要做甚么？那厮不是人，诓猾贼，好生捏拐东西。这柜子多直一两银尽够也，这厮落了我一两银，我临了吃了他一道儿。我拿着这厮时，驴一般打。

罢么，相公，饶他么。大人不见小人过。

要账

李小儿那厮这两日不见他，你见来么？你馈我寻见了拿将来。

你不理会得，那厮高丽地面来的宰相们上做牙子，那狗骨头知他那里去诓惑人东西，不在家。你寻他怎么？

他少我五两银子里。别人便一两要一两利钱借馈，他京里临起身时节，那般磕头礼拜央及我，限至周年，本利八两银子，写定文书借与他来。到今一年半了，只还我本钱，一分利钱也不肯还。因此上，半夜三更里起来，上他家门前叫唤着讨时，他睬也不睬。那驴养下来的，只躲着我走，讨了半年不肯还我，把我的两对新靴子都走破了！他那养汉的老婆，甜言美语的，只说明日后日还我，知他是几个明日？只是快说谎，真个气杀我。

可知快说谎，债不杀人。

常言道："人贫只为悭，少债快说谎。"

看兽医

这里有兽医家么？

那个红桥边有一个张兽医，他快医头口。

我的赤马害骨眼，不住的卧倒打滚，一宿不吃草，将那里治去来。就蹄子放血，他要多少功钱？

不问多少与他些个便是。

治得马好时，多少不打紧。

张五，你馈我医马骨眼，一发就蹄子放血着。

医了，慢慢的牵将去，干净田地上树底下拴着。喂的好着。

咱男子汉，没马时怎么过？半步也行不得。马是第一宝贝。常言道："狗有溅草之恩，马有垂缰之报。"

做帽子

你的帽儿那里做来？

徐五家的。

将来我看。这的帽儿也做的中中的，头盔大，檐子小，毡粗，做的松了，着了几遍雨时都走了样子。徐五的徒弟李大，如今搬去法藏寺西边混堂间壁住里，那厮十分做的好。

可知。那厮使长的大帽也做里，休道是街上百姓的。

我如今与你一两银，将去馈李大做定钱，做云南毡大帽一个，陕西赶来的白驼毡大帽一个。说与他，套上毡儿，着我看了的之后，着刺边儿，刺的细勾着。

李大的帽儿样儿可喜，不走作，又不怕雨雪。

为甚么？

那个头盔好煞到了时，才套上毡儿，这一个高手的人做的生活，高如师傅。

画匠

好画匠那里有，你知道么？

我知道一个有名的画匠，天下没双。

在那里住？

他在枢密院角头住里。

他是那里人氏？

是真定人。你要画甚么？

我要画我的喜身里。

他别处画了一个官人的影来，一似那活的，只少一口气。他标致，是我的好相识。

你请他这里来么？

来不的。和我两个至好么？他家里事多，怎么来的？

那般时，咱两个来去。咱商量了放下定钱。

他不曾开铺的。

似不肯家画么？

也不要工钱，相识们十分央及时，没奈何画。

难道不要工钱？

你知道他就里么？常言道："画虎画皮难画骨，知人知面不知心。"

郊祭修车

一两日上位郊天去，怎么还不曾修理车辆？叫将那木匠来，买馈他木料、席子整理。车辆都有么？

都有了。

那们时，如今少甚么？

少梯子、撑头、套绳、撒绳、勾索、笼头、脚索、鞍子、肚带。

我馈你银子，如今都买去。锣锅、柳箱、洒子、三脚、碗、碟、匙、箸、杩杓、笊篱、炊帚、礤床儿、簸箕、筛子、马尾罗儿、桌儿、盘子、茶盘、抬盏、壶瓶、酒鳖、铜淅杓都收拾下着。各样账房、室车、席筐、马槽都壮么？
都壮。

你这车子先将到门外，买些柴、拳头菜、茶叶拿去。我嘱咐你，到那里各自省睡些个，黑夜用心好生看着。我慢慢的跟驾去。

当铺

你今日那里去？
我今日印子铺里当钱去。

把甚么去当？
一对八珠环儿、一对钏儿。
那珠儿多大小？

圆眼来大的，好明净。

当的多少钱？
当的二十两银子。

当那偌多做甚么？多当时多赎，少当时少赎。

二十两也不勾，我典一个房子里。我再把一副头面、一个七宝金簪儿、一对耳坠儿、一对窟嵌的金戒指儿，这六件儿当的五十两银子，共有七十两银子，典一个大宅子。

买缎子

拜揖哥哥，那里去来？
角头买段子去来。

你将来我看。这的几托？
满七托。你猜的么？

我猜。这的大红绣五爪蟒龙，经纬合线结织，上用段子，不是诸王段子，也不是常行的，不着十二两银子，买不得他的。

咳，真个好标致，便猜着了。

你说甚么话，"好物不贱，贱物不好"。

买缎子

那卖织金胸背段子的，将来我看。这的是真陕西地面里来的？

舍人敢不识好货物么？地道的好胸背。

你谩不得我，我又不是生达达、回回，生达达、回回如今也都会了，你怎么谩的我高丽人？

不敢，舍人。怕你不信时，着别人看，便见真假。

罢，罢，说卖的价钱。

要七两银子，老实价钱六两银子。

你来，你这暗花段子，一打里馈你十两银子，肯时要你的，不肯时罢。

要甚么多话。舍人甚么银子？

有细丝官银。

罢，罢，将银子来，滥贱的卖与你，你的手里难寻钱。

买缎子

你那里去？

角头店里买段子去里。咱两个去来，买了段子，贴些铜钱，茶房里吃茶去来。

这们时，我也与你做伴当闲看去。

这铺里有四季花段子么？

你要甚么颜色的？

南京鸦青段子、葱白素通袖膝栏段子有么？

牙子道："都有。"

干你甚么事？没你时怕买不成？

卖段子的道："你官人们，和那弟子孩儿说甚么闲话。要时请下马来看。"

我说与你。休哄弄我。

你放心，小人不敢。小厮，将那厨里夹板来，解与官人高的。

这段子多小卖？
牙青四季花六两银子一匹，葱白膝栏四两银子一匹。

你休胡讨价钱。
讨的是虚，还的是实。官人你与多少便了？

这段子中中的，你再馈我绝高的。
我没再高的了，官人十分休驳弹。

怕甚么？驳弹的是买主。我是老实价钱，这牙青的五两银子，葱白的三两银子如何？
那般时，争着远里。

咱们这里没牙子，省些牙钱不好？
罢，罢，将银子来，小卖了五钱银。

明日来管回换？
不妨事，管着来回。

买马

那里有卖的好马？

东角头牙家去处广，敢知道。你打听一打听。你
待买甚么本事的马？

我要打围处骑的快走的马。

你拿着多少银子买？

我有三十两银子。

那里有一个土黄马，好本事，只腿跨不开。一个
黑鬃青马快走，只是前失。一个赤马生的十分可喜，没
本事。你自马市里拣着买去。

市里寻不着好马。一个栗色白脸马，有九分膘，好
辔头，点的细，只是小行上迟，有些槽疥，也有些撒蹄。

讨多少银子？

有人出十五两银子。

你为甚么不买来？

真个是好马么？只有那些证候，银子也不勾，不曾买来。

槽疥有甚么难处？医他时便是。料着你那细详时，是买不得马。将就着买将来，且胡乱骑时怕甚么？"万事不由人计较。"

买獭皮

店里买獭皮去来。
那个店里去？
山西店里去。

买獭皮做甚么？
做坐褥、皮搭连。这两件东西做时，使的六个獭皮。

卖獭皮的，好獭皮有么？
那里将不好的来，都是好的。你要几个？

要六个。
这六个。商量价钱着。

你说都是好的，怎么没一个中使的？

十个指头也有长的短的。有的是獭皮里，你自拣着要。

这一等花儿匀大的，怎么卖？

这六个大的，每一个讨五钱银子。老实价钱，四钱一个家将去么。

你来，我说与你，没来由胡讨价钱怎么？三钱一个家买你的。

罢，罢，将银子来看。六个獭皮，每一个三钱家算时，通该一两八钱。

我的都是细丝官银，每一两倾白脸银子出一钱里。

罢，罢，我知道。

出馈你一钱八分银子。

咳，你忒细详。"觅得高丽钱，大快三十年。"

买猫

我家里老鼠好生广，怎的好？

你家里没猫儿那？

我家里没，库房柜子里放的米都吃了，我的衣裳、被儿、包袱也都咬了，恨的我没是处。

那的不卖猫儿的？篮子里盛将去。

是卖猫的，将猫儿来，我买一个。我要这女花猫儿。女的价钱大。

要多少卖？

儿的五十个钱，女的一百个钱卖与你。

卖的价钱老实说。

又不是大买卖，有甚么讨价钱处？一百个钱，短一个钱也不卖。

硬道是这们一个猫儿，怎么直得一百个钱？这泼禽兽，杀娘贼，卖便卖，不卖便将的去。

你也不买便罢，钱是你上有，物在我根底，你为甚么骂人？

你为甚么胡讨价钱？我先惹你来？

爱钱买东西？夹着屁眼家里坐的去。

这弟子孩儿！你敢骂我？

怎么不敢骂你？

这的便是仰面唾天。常言道："风不来，树不摇。雨不来，河不涨。"

买珠子

那卖珠儿的，你来。烧子珠儿好的有么？

没有，青白间串的上等玉珠儿有几串。

你将来，我看便知道。这的不是烧子的甚么，你敢要玉价钱？你待谩过我？

为我命不好，撞着你。除了你，别人不理会的。

你多少卖？

这的珠儿讨时讨三两价钱，实要二两银子卖与你。

这贼养的汉生的小驴精，一发做贼时不好？烧子二两家卖了几串？

村言村语的休骂人。相公知道时，但与的便是价钱，我不敢言语。

与你一两银子卖么？

罢，罢，将来。你说都是白银，这的八成银，只与我二两，没利钱，亏死我也。

你有好珊瑚么？

有时有，不卖。

你不卖，将家去就饭吃？

黄豆来大的，血点也似，好颜色圆净的，价钱大，你要那？

这没嘴脸小胡孙，好小看人。我偏带不的好珊瑚？

不是这般说，官人舍不钱，那里买的？

呆松，你将来我看。心里想到“这珊瑚带的过”。这二十颗珊瑚怎的卖？

老实价钱，一两一颗家。

你看那厮唧唧的喝睐。你休自夸，我知道这的甚么东西。

咳，一件好物。

我还与你价钱，八钱一颗家买你的。

买不的。

罢，罢，九钱一颗家。看银子买了尽勾了，我买的不应心。

怕你错买时，着别人看去。"寸心不昧，万法皆明。"

受贿

你那告状的勾当，发落了不曾？

凭着理时，合断与小人，堂上官人们都商量了。待到根前来，那冤家们打关节时，内中一两个官人受他钱财当住，还不肯发落。该管的外郎也受了些钱财，把我的文卷来，丢在柜子阁落里，不肯家启禀，知他是几时的勾当？

可知道不肯用心，没油水的勾当，那里肯用心发落？

我放着合理的事，与他甚么东西？

怎么这般说？如今是财帛世界，你不与他一文钱，你道是合理的事，几时倒的了？你多与他钱物，好好的说，这般时，口也顺，终久是有道理的勾当。街上人道的是，如今是墙板世界，反上反下。只怕反过来，也不见的。我料你那事色，这般时兑当着干时，好的一般。这官司人们，紧不的，慢不的，不使钱，干勾当不济事。常言道："衙门处处向南开，有理无钱休入来。"

官司

我家里一个汉子，城外种稻子来，和一个汉儿人厮打来，那厮先告官，把我家小厮拿将去监了二日。又一个小厮半夜起来，煤场里推煤去时节，被巡夜的拿着，冷铺里监禁着。咳，事不过三日，却又招灾，祸不单行真个是。

种稻子那厮因何监着？

他一家住的汉儿人，不见了几件衣裳，却说我家汉子偷了，那厮急性，便合口厮打。那厮告官，把我小的监了。

由他，无赃时有甚么事？律条里明白有："妄告官司，抵罪反坐。"这的便是"闭门屋里坐，祸从天上来"。

坐监

老安因甚么事监在牢里？

你不知道？城外那刘村里，管着他官人家庄土种田来，到秋，他种来的稻子、蜀秫、黍子、大麦、小麦、荞麦、黄豆、小豆、绿豆、豌豆、黑豆、芝麻、苏子诸般的都纳与了租税，另除了种子后头，三停里，官人上纳与二停外，除了一停儿，卖的卖了，落下些个养活他媳妇、孩儿。这般过当的其间里，一个挟仇的人，却点馈那官人。这两日官司里告了，监下老安要追里。

孩儿使爷娘的，奴婢使使长的。管着那庄土，便不使些个做甚么？常言道："管山吃山，管水吃水。"

当官生活

你官人除做那里？

除做光禄寺卿。

咳，这的除甚么好？

除好清高。

做了第几位？

第二少卿。

这衙门更是好汤食。

可知，每日两个羊为头儿，软肉薄饼吃了，又吃几盏酒之后，吃稍麦粉汤，却吃糕子，或是淡粥，后头摆茶饭，又吃一会儿酒，抬了桌子，才只掾吏们将文卷来，紫罗书案上展开，启禀公事，头到发落公事，直到日平西才上马。

那般散了时，便到家里那怎的？时常这般早聚晚散么？

但早散时，实不见早回家。绕地里望官人，直是人定时分才下马。

那般时，你伴当们其实受苦。

罢，罢，跟官人时休撒懒，一发用心上紧着。我也跟官人时节，那里问雪雨阴晴，忍多少饥，受多少渴，这般受苦来。今日个日头，官人们的要路里到了也。古人道："苦尽甘来。"

任期满

同知哥，你的月日满了不曾？
这五月里满了。

却早满三十个月。替的官人有么？
有了，守我半年来，五月初头礼上了也。

解由得了不曾？
别没不了的事件，又没过犯，为甚么不得？

便是这般，那几日你却不道，首领官署了卷，厅上不曾押里。
是大前日个衙门令史送的来了，得也得了。

你常选官，只是一步高如一步除将去，我一般杂识人家，满了一任时，急且几时又得除？
休那般道，你高官里转除的有，愁甚么？常言道：

"命来铁也争光，运去黄金失色。"

监役官

你今年怎么京城不曾去？
路上盘缠艰难怎么去？你却为什么不上去？

我也没甚么干的勾当，又少些盘缠，不曾去的。
年时牢子们走的，你见来么？

我不曾看来，在那里走来？
六十里店里走，上位在西湖景凉殿里坐的看。

年时谁先走来？
一个细长身子儿、小团栾面皮的汉儿人，小名唤许瘦儿，他先走来。

是谁家的牢子？
跟张总兵使的牢子。上位赏了一百锭钞，两表里段子。

不同小可，万千人里头，第一个走，得偌多赏赐。

休道是偌多钞锭、段子，皇帝人家的一条线，也怎能勾得？可知道里，"福不至，万事难"。

使节行路

站家擂鼓，使臣来也。怎么没一个听事的？百户都那里死去了？

我们都在这里。

拜揖舍人，与我关字么？正官几员？随从几个？将关字来。

正官三员，六个伴当，分例支应。

大使你来，三个正的，三升米，三斤面，三斤羊肉，两瓶酒。从的六个，三升米，三斤面，三斤猪肉，一瓶米酒。和骆、醋、酱、盐、芥末、葱、蒜、韭菜、油、生萝卜、瓜、茄等诸般菜蔬、鸡蛋和升、斗、等子，疾忙如今都将来。

如今支一支，休多要你的，休少了我的便是。

厨子你来，疾忙做饭。

舍人道做甚么饭，做干饭那水饭？

熬些稀粥，你将那白面来，捏些匾食，撒些秃秃么思。一壁厢熬些细茶。这米粗，将去帅（fèi）一帅。

管事的来。马们怎么来的迟？

这的不来也？舍人你自看。

这马都不中用。三个官人骑的，将三个半分紧蹄的头马来。伴当骑的，五个细点的马来。我骑的十分快走的马将来。我又先报马去。背包马们都将好壮马来。使臣这站里不宿，疾快将好马来。

拿将管马的来吊着！将棍子来打这贼弟子孩儿！你听我说与你：这使臣是使长耳目一般的使臣，你不见这金字圆牌？一日九站十站家行，你怎么肯不将头马来？这厮们打的轻，他不睬，好生打。

为头儿老汉告道：相公可怜见，我的不是了。这的恰将来的马，飞也似紧蹄，快走的、点的都有了。

拣定了马也，辔头都散与他。明日鸡儿叫一声便上马，茶饭都准备下着。当直的点将灯来，我也铺铺盖说些个。

相公，鸡儿叫起来。

马都将来，疾忙着备鞍子。将饭来我吃。牌子令使们来，你与我甘结应付。

相公们别没擎赍钱粮，更没多骑铺马，又不曾冒支分例，没一点非礼害民，何故不与甘结？

送行

你哥除在那里？
除在南京应天府丞。

几时行？
昨日去了。

铺马里去也，长行马去？
甚么长行马？五个铺马去了。

也不小可。去时节有甚么气像？
比丞相争甚么？车马、茶褐罗伞、银栲栳交椅、银

盆、水罐、金瓜、古朵、金镫、钺斧、对对皂吏，摆着
四五里喝道，大小官员、一行部从，那气像是气像。

你却为甚么不跟去？
我这上直着谁当着？

你的伴当着一个替当，更不时，上直官人前告假，
送到那里时也有些情分。你送那里回来？
送到四十里地，宿了一宿，辞了回来。

接客不如送客，送到三四日辞回来怕甚么？
不能勾跟将去，只管的远去怎么？古人道："送君
千里，终有一别。"

差事出行

好院判哥，到那里？
小人到礼部里。

有甚么勾当？
我有个差使，堂上禀去里。

么差使？

开诏去。

开甚么诏？

都堂总兵官的诏书。

往那个地面里去？

往永平、大宁、辽阳、开元、沈阳等处开去。

开诏后头，高丽地面里去么？

我也往金刚山禅院、松广等处降香去。

哥哥你几时起身？

这月二十头起身。

小人也得了札付关字，便上马。

圣旨领了么？

领了。

我是愚鲁之人，不理会那里的法度，你到本国，好生照觑我。

咱会同着一时行。

借条

秀才哥，你与我写一纸借钱文书。

拿纸墨笔砚来，我写与你。这文契写了，我读与你听："京都在城积庆坊住人赵宝儿，今为缺钱使用，情愿立约，与某财主处借到细丝官银五十两整，每月利息几分，按月送纳，不致拖欠。其银限至下年几月内归还数足。如至日无钱归还，将借钱人在家应有直钱物件，照依时价准折无词。如借钱人无物准与，代保人一面替还。恐后无凭，故立此文契为用。某年、月、日，借钱人某，代保人某，同保人某等，押。"空处写"大吉利"，或写"余白"两字着。将钱来赎将契去。

卖身文契

我本待请你去来，遭是你来也。我今日买一个小厮儿，他的爷娘里与文书来，你与我看一看中也不中。

将来我念："大都某村住人钱小马，今将亲生孩儿小名唤神奴，年五岁，无病，少人钱债，阙口少粮，不能养活，深为未便，随问到本都在城某坊住某官人处卖与，两言议定，恩养财礼银五两，永远为主，养成躯使。如卖已后，神奴来历不明，远近亲戚闲杂人等往来竞争，买主一面承当不词，不干买主之事。恐后无凭，故立此文为用。某年月日，卖儿人钱小马，同卖人妻何氏。见人某。引进人某。"买人的文契只这的是，更待怎的？

没保人中么？

怕什么？买人的契，保人只管一百日，要做甚么？五岁的小厮，急且那里走？

房契

哥，你写与我房契。

你搬那里去？

我羊市里前头，砖塔胡同里，赁一处房子来，嫌窄，今日早起表褙胡同里赁一所房子。

这房契写了，你听我念："京都在城黄华坊住人朱玉，随问到本坊住人沈元处。赁到房子一所，正房几间，西房几间，东房几间，暖阁几间，花房几间，卷蓬几间，佛堂一间，库房几间，马房几间，厨房几间，中门一间，客位几间，铺面周围几十间，门、窗、炕、壁俱全，井一眼，空地几亩。两言议定，赁房钱每月二两，按月送纳。如至日无钱送纳，将赁房人家内应有直钱物件，准折无词。恐后无凭，故立次赁房文字为用。某年、月、日，赁房人某，代保人某，引进人某。"

写家信

这几日我家里有人去，先生你写与我书稍的去。

我写了也，你听我念："愚男山童，顿首拜上父亲母亲尊侍前，玉体安乐好么？孩儿在都，托着爷娘福荫里，身己安乐，不须忧念。孩儿拜别之后，想念之心无日有忘，前者姐夫去时，稍一个水褐段匹与父亲用来，之后未见回书，不知得否？有人来时，望稍书来着。孩儿今将金色茶褐段子一个，蓝长绫一个，各俱一里，与兄弟佛童将去，父亲母亲穿用。孩儿这里所干已成完备，得了照会，待两个月，衣锦还乡，喜面相参，孝顺父母，光显门间，只此已外，别无所怀。如书到日，胜如见面。比及孩儿相会，善保尊颜。不宣。某年秋季月十有五日，愚男山童顿首百拜。"浼馈你笔，画个字。

申窃盗状

申窃盗状：某村住某人，年几，无病，右某伏为于今月今日某时已来，本家人口睡卧，不觉有贼人入来本家东屋内，偷盗去布一百匹。实时某声言，叫到邻人并巡宿总甲人等追赶贼人，约至某处，偷盗前项物色不知去向。某与邻人等辨验得贼人踪迹，约贼几人，于本家那边跳墙入来家内，于东屋那边剜窟，一个入来屋内，偷盗前项布匹，却跳墙出去。今具状申告某官，伏乞详状，检验是实，着当该地分弓手人等，收捉上件贼人，赴官施行。执结是实，伏去处分。某年月日，告状人某。

状子

陆书吏，你馈我写一个状子。
甚么状子？

有一个没理的村牛打我来。
这般着，那厮多少年纪？

那厮不到六十的模样。

那般时，正是吃打的裁儿。官法内，七十已上，十五已下，不合加刑。你听我念："告状人李万，见年几岁，无病，系本府本县附籍人户。状告：伏为于今月某日某时已来，前去街上勾当，到某处，逢本府张千带酒，实时躲避，张千前来赶上，将某衣领扯住言道：'你那里去？'是某回言道：'你醉，家去。'张千言说：'你买与我吃来。'便行做恶，与某面上，用拳打破。某并不曾抵敌，当有某县某村住人王大户为证。有此情理难甘，今不免具状，上告某官，伏乞详状施行。某年月日，告状人李万。"见状不过三日便告时好，你更有伤，有何愁？常言道："捉贼见赃，厮打验伤。"

寻物启事

今日早起，我别处望相识去来，门前拴着带鞍的白马来，不知怎生走了，不知去向。你写与我告子，各处桥上角头们贴去。又雇一个小厮，与他二两告子钱，着他沿街叫。

这告子写了也："几年月日，走失了甚色马，牙几岁，有甚暗记，没印。报信的三两，收讨的六两。"

着他将的去，得了马时，与他一半儿钱赎将来。寻将马来时，请的哥来把一盏。

不敢。我且问你，怎的是一半儿钱赎？

你看着告子，半张纸上写着里。一张里写时全馈他，半张里写时与一半钱赎。

四时玩乐

街上放空中的小厮们好生广。如今这七月立了秋，祭了社神，正是放空中的时节。八月里却放鹤儿。有几等鹤儿：鹅老翅鹤儿、鲶鱼鹤儿、八角鹤儿、月样鹤儿、人样鹤儿、四方鹤儿，有六七等鹤儿。八月秋风急，五六十托粗麻线也放不勾（够）。九月里打抬，耍鹌鹑，斗促织儿。十月里骑竹马，一冬里踢建子。开春时，打球儿，或是博钱拿钱。一夏里藏藏昧昧。咳，小厮们倒聒噪，按四时耍子。

养马

背后河里洗马去来。拴在阴凉处，着刨子刮的干净着。一日三遍家，每日洗刷，刨的干干净净地，等一会

儿馈些草吃。黑夜好生用心喂他。懒小厮们，一发满槽
子馈草，睡到明。可怜见，那不会说话的头口们喂不到。
好生说与小厮们，十个人一宿家轮着喂，那们时不渴睡。
切的草细着，为头儿只半筐儿草，着搅草棍拌馈他些
料水吃。半夜里却拌馈他料吃。一夜里喂到七八便家，
每日这般勤勤的喂时，甚么膘添不上？说的是，"人不
得横财不富，马不得夜草不肥"。

上直

今日上直去，你将铺盖送去，那厮你也将那箭袋
里插三十根箭，弓袋里插一张弓，盔甲一副，环刀一口，
都一打里将到直房里等着我。其余的伴当们家里有着，
街上休撒泼皮，好生用心看家着。如今贼广，我若出直
房来，看家里没你时，却要打。家中没甚的事时赏你，
有些事时吃打。我说与你众伴当们，常言道："常防贼心，
莫偷他物。"

小偷

如今怎么那般贼广？

今年天旱，田禾不收，因此上贼广。使钩子的贼们更是广。拿着取灯儿，到那一个人家里，舌尖润开了窗口，吹起火来，钻入里面，看东西在那里是，知道了的之后，却吹杀那灯，不论竿子上的、柜子上的对象，便着柜子钩出来将去。

那厮们只是夜猫，不是强盗，有法度，容易堤防。那厮们怕帘子，亮窗里面把帘子幔上，着钉子钉在三四处，着锔钺钉在三四处，把了吊子叩上了，将指头来大小的长铁条儿插在锔钺里，门子关了，腰拴插的牢，这般堤防时，怎么得入去？常言道："小心必胜。"

骂人

这几个贼汉们，一日吃三顿家饭，每日家闲浪荡做甚么？一个贼汉那靴铺里学生活去，一个狐帽匠家学生活去。两个汉子把那驴骡们喂的好着，将十两银子东安州去放黑豆，收拾车辆先载将一车来。又两个人将五两银子下马庄里去，放秆草，五钱一束家放，把搂草二钱半一束家商量着放馈。再那一个小厮将二两银到西山里，钱半一束家，五百来束稻草里放。

这们时，一个冬里这头口们勾吃了。

衣服生虫

我差使出去了，一夏里不曾好生收拾，把我的银鼠皮背子，貂鼠皮丢袖虫蛀的无一根风毛，怎的好？

咳，可惜了！这的是谁的不是？你临去时节，家里好生嘱付，着菖蒲末儿撒的匀了着，每日个日头里晒，比及晌午正热时分收拾。每日这般用心弄时，虫子怎么蛀的？这的是怪不的人，也怪不的虫子，你的不是。

罢，罢，休烦恼，身己安乐时有也。古人道："休道黄金贵，安乐直钱多。"

收拾屋子

这客位收拾的好不整齐。洒些水，将苕帚来扫的干净着。将花毡来底下铺一条，炕上铺着青锦褥子。一周遭放几张交椅，将几个磨果钉子来，钉在这壁子上，挂几轴画儿。那中柱上钉一个钉子，挂十八学士大画。将镂金香炉来，烧些饼子香。那书案上的各样书册，堆的干净着。这般收拾的整齐时不好那？来的客人们也道我精细。古人道：家齐而后国治。

捉弄

那一日李指挥家里打双陆时节，王千户打背后来，扯了我一把刀儿，他输了的猪头也不肯买，恨的他当不得。昨日那厮来我家里来了，我特故里把酒灌的他烂醉了，眼花的不变东西，不省人事，倒在床上打鼾睡，把他的小刀子拔了，又将笔来面皮上花了。他酒醒了，起来不觉，只那般去了，路上必定吃别人笑话。为头儿他瞒别人来，临了他也着我道儿。这的便是："老实常在，脱空常败。"

和尚偷情

一个和尚偷弄别人的媳妇，偷将去的时节，正撞见他的汉子，却拿着那和尚，打的半死刺活的。傍边看闲的人们说："你是佛家弟子，穿着衲袄，将着钵盂，披着袈裟，拣那清净山庵里安禅悟法却不好？更不时，归佛敬法看经念佛也好。而今没来由偷别人的媳妇怎么？却吃这一顿打也是。你布施人家斋饭钱，无处发落，到处里养老婆，这一等和尚不打他要做甚么！"众人再问和尚："你敢偷别人媳妇么？"那和尚说："再也不敢。小僧从今日准备箬笠、瓦钵，往深山里忏悔去。"常言道："一年经蛇咬，三年怕井绳。"

七月十五

这七月十五日是诸佛解夏之日，庆寿寺里为诸亡灵做盂兰盆斋，我也随喜去来。那坛主是高丽师傅，青旋旋圆顶，白净净颜面，聪明智慧过人，唱念声音压众，经、律、论皆通，真是一个有德行的和尚。说《目连尊者救母经》，僧尼道俗，善男信女，不知其数，人人尽盘双足，个个擎拳合掌，侧耳听声。内中一个达达只管打呵欠，众人看他的中间，一会儿倚着栏干顿睡，不知怎生滚在底下，吃了一跌，把鼻子跌破了。那讲主见那达达跌破鼻子，叫将跟前来说道："你听我说与你，这佛法最尊最贵，不可不信。因你贪嗔痴，三毒不离于身，心只在酒肉气色，不信佛法，不听经论，因此上见世报。入寺敬三宝，到家里敬重父母，你如今诚心忏悔，改往休来着。"道罢，那达达听师傅说，便跳起来道："怎的是佛法？"骂了走出去了。师傅道："一年一日解说戒法时，他也不肯信向，这的无缘众生难化。"

当铺

一个放债财主，小名唤李大舍，开着一座解当库，但是直钱物件来当时，便夺了那物，却打死那人。正房背后，掘开一个老大深浅的坑，丢在那里头。有一日卖布绢的过去，那大舍叫将屋里去，把那布绢都夺了，也打杀撇在坑里。又一日，一个妇人将豆子来大的明真珠一百颗来当，又夺了，也打杀撇在那坑里，用板盖在上头。频频的这般做歹事。他有两个浑家，小媳妇与大妻商量说："我男儿做这般迷天大罪的事，假如明日事发起来时，带累一家人都死也，怎的好？"大妻见那般说，对他男儿说劝："常言道：'若做非理，必受其殃。'你做这般不合理的勾当，若官司知道时，把咱们不偿命那甚么？你再来休做。"说罢，老李听了恼燥起来，便要打杀那媳妇，那媳妇便走了，走到官司告了，官人们引着几个皂隶，将棍绳到那家里，将老李拿着背绑了，家后坑里都搜出三四十个血沥沥的尸首和那珠子、布绢。将老李打了一百七，木桩上剐了。一个官人就便娶了那媳妇，那媳妇道："妻贤夫省事，官清民自安。"

城门

北京外罗城九座门。南有正阳门、宣武门、崇文门，东有朝阳门、东直门，北有安定门、德胜门，西有阜城门、西直门。这门里头，旧名正阳是午门，宣武是顺城门，崇文是合哒门，朝阳是齐华门，阜城是平只门。

乡间

我要你庄头里去。
不得工夫，去不得。

你每日做甚么？
我每日才听明钟一声响，便上马跟官人，直到点灯时分恰下马，几时得些闲？

说的是。你一般争名夺利的官人，每日马肚皮尘埋三尺，睁着驴眼，跟着假使长，钻在争前立的，夹着那屁眼，东走西走，不得捻指歇息。一望成名，那里肯来我一般村庄人家。我在村里，稻熟蟹肥鱼正美，满山果子以为食，堂上挂佛端然坐，亦看楼外满池荷。

你自说村庄无人来访，我每日临池楼上，开呈村味，对客饮酒吟诗句，着棋论谈能消日，月明纱窗秋夜半，抚琴一操解千愁。若你也到我楼上，一发忘弃名与利。

打鱼

秀才哥，咱们打鱼儿去来。

我不去。

如何不去？你这金榜挂名的书生，那里想我这渔翁之味。我弃了这名利家筵，将一叶小渔艇，装载这酒、琴、鱼网，弹一曲流水高山，挽我这锦心绣腹，潜入这水国鱼邦，披着这箬笠蓑衣，一任交叙风细雨。我援琴一张、酒一壶，自饮自歌，对着这水声山色，淡烟闲居；两岸青蒲，红蓼滩边，缆船下网；或撑开入这荷国花城，忽生得清歌细舞之心。寻着这芦苇密处，严头石崖，慢慢的将钩儿垂下水里去时，银丝钩破波纹，日斩眼钓出个老大金色鲤鱼来。渔翁之味万无迭，也不想李白摸月，也不学屈原投江，便是小太公，也不愿遇文王，我待学范蠡归湖。

游山

咱闷当不的，一个日头咱商量着，游山玩景去来。

好！好！我也那般想着。如今更秋凉，丹枫八月好时节，正好山中之味。咱那个山里去好？

这离城三十里来地，有个山名，唤禅顶山，真个奇妙。那山景致，尖尖险险的山，弯弯曲曲的路，松、柏、桧、栗诸杂树木上，缠着乞留曲律的藤。有累累垂垂石，有高高下下坡，有重重迭迭奇峰，有深深浅浅涧，有一簇两簇人家，有凹坡凸岭庵堂，有睍睍皖皖的山禽声，有崔崔巍巍的栈道。崖高道窄，只是这个愁人肠。栗子、葡萄满山峪，远望一似黑水精。五色彩云笼罩，山顶上有一小池，满满荷花香喷喷。僧尼道俗都随喜去，咱也柱着柱杖，沿山沿峪随喜那景致来去。只是平平斜斜石径难行。

碍甚么事？常言道："逢山开路，遇水迭桥。"

布施

长老的佛像铸了么？

铸了三尊佛，我待要上金来。前日三更前后，贼人
来，把我二三年布施来的金银钞锭都偷将去了，没计奈
何，我如今又往江南地面里布施去，一来是十分命不快，
告诸佛菩萨，愿满之日死时也不愁。

罢，罢，师傅善因不灭。你休生怠慢心，沿路
上用心好去着。往常唐三藏师傅，西天取经去时节，
十万八千里途程，正是瘦禽也飞不道，壮马也实劳蹄。
这般远田地里，经多少风寒暑湿，受多少日炙风吹，过
多少恶山险水难路，见多少怪物妖精侵他，撞多少猛虎
毒虫定害，逢多少恶物刁蹶，正是好人魔障多。行六年，
受多少千辛万苦，到西天取将经来，度脱众生，各得成
佛。师傅你也休忙，慢慢的到江南沿门布施，愿满成就
着，久后你也得证果金身。

官人

你那里有来？

今日是圣节日，我在官里前面，百官礼毕后，看
摔挍来。穿花裤皂靴的勇士，四五对家蔟蔟趯趯的，摔
倒拿法。

看摔挍的官人们，有甚么数目？

官里面前，丞相为头儿，各衙门官人们一品至九品，大小众官，知他是多多少少？便是个人城，只是垓垓滚滚的。大明殿前月台上，四角头立地的四个将军，咳，那身材，身长六尺，腰阔三围抱不匝，头带四缝盔，身披黄金锁子甲，曜日连环，脚穿着朝云靴，各自腰带七宝环刀，手持画干方天戟的，将钺斧的，拿剑的，手柱枪的，三尺宽肩膀，灯盏也似两双眼，直挺挺的立地，山也似不动惮。咳，正是一条好汉！这的擎天白玉柱，架海紫金梁，天子百灵咸助，将军八面威风。

杂技

构栏里看杂技去来。

去时怎么得入去的？

一个人与他五个钱时放入去。有诸般唱词的，也有弄棒的。一个高桌上脱下衣裳，赤条条的仰白着卧，一托来长短、停柱来粗细的油红画金棒子，放在他脚心转，脚背上转，指头上转，掉下来踢上去，弄的只是眼花了。弄宝盖，又是一个铜嘴、蜡嘴造化，带着鬼脸儿、翅儿舞。他的主儿拿着诸般颜色的小旗儿，那主儿着那铜嘴的"衔将那一个颜色的旗来"，说时，便嘴里衔将来，与他那主儿。

有呈诸般把戏的那好看的甚么没。我没零钱怎么好？

不妨事，我有零钱，我管着馈你。

这般时倒好，古人道："因风吹火，用力不多。"

办宴席

当今圣主，洪福齐天，风调雨顺，国泰民安。又逢着这春二三月好时节，休蹉过了好时光。人生一世，草生一秋，咱们几个好弟兄，去那有名的花园里，做一个赏花筵席，咱们消愁解闷如何？

众兄弟们商量了。咱们三十个人，各人出一百个铜钱，共通三千个铜钱，勾使用了。

着张三买羊去。买二十个好肥羊，休买母的，都要羯的。又买一只好肥牛，买五十斤猪肉。着李四买果子、拖炉、随食去。酒京城槽房虽然多，街市酒打将来怎么吃？咱们问那光禄寺里，讨南方来的蜜林檎烧酒一桶、长春酒一桶、苦酒一桶、豆酒一桶，又内府管酒的官人们造的好酒，讨十来瓶如何？

可知道好！着谁去讨？

光禄寺里着姓李的馆夫讨去，内府里着姓崔的外郎讨去。

讨酒的都回来了。勘合有了不曾？

讨将来了。我到那衙门里堂上官说了，便叫将当该的外郎来写勘合，就使印信与我来。

在那里？拿来我看。"官人们文书分付管酒的署官根底：支与竹叶青酒十五瓶、脑儿酒五桶。"照依前例该与多少？如今怎么少了？

都是官人们克减了。

罢，罢，减不多。一边摆桌儿。

怎么摆？

外手一遭儿十六碟，菜蔬。第二遭十六碟，榛子、松子、干葡萄、栗子、龙眼、核桃、荔子。第三遭十六碟，柑子、石榴、香水梨、樱桃、杏子、苹蓤果、玉黄子、虎刺宾。当中间里，放象生缠糖，或是狮仙糖。前面一遭，烧鹅、白煠鸡、川炒猪肉、燌鸽子蛋、燋烂骼蹄、蒸鲜鱼、焖牛肉、炮炒猪肚。席面上，宝妆高顶插花。

　　着张三去，叫教坊司的十数个乐工和做院本诸般杂技的来。那冰盘上放一块冰。杏儿、樱桃诸般鲜果，浸在冰盘里，好生好看。

　　如今却早有卖的拳杏么？
　　黄杏未有里，大水杏半黄半生的有。

　　官人们都来了。将些干按酒来。就将那烧肉来。我们先吃两巡酒。后头抬桌儿，弹的们动乐器，叫唱的根前来，着他唱。

　　如今抬桌儿上汤着。捧汤的都来。第一道燉羊蒸卷，第二道金银豆腐汤，第三道鲜笋灯笼汤，第四道三鲜汤，第五道五软三下锅，第六道鸡脆芙蓉汤，都着些细料物。第七道粉汤馒头。
　　官人们待散也，疾快旋将酒来，把上马杯儿。

　　如今唱达达曲儿，吹笛儿着。今日个日头，咱弟兄们和顺的上头，皇帝的大福阴里，酒也醉了，茶饭也饱了，古人道："有酒有花，以为眼前之乐；无子无孙，尽是他人之物。"咱如今不快活时，做甚么？

求见

如何先生数日不见？

听我说，小子近日听得，有高丽来的秀才，寻他讲论些文书来，因此不得工夫，阙拜望。得罪！得罪！

先生有何新闻？

没甚新闻，只听的高丽新事来。

先生你说一说。

要说甚么，如今和小人望他去便了。

咳，没头口却怎的好？

且住，你来街坊有赁的驴么？

有钱时那里没赁的驴？

将一百个钱去，疾快赁的来。

牵将来鞴了也。先生恰说的秀才在那里下着里？

　　崇文门里头，大街街东，张编修家里下着。

　　那般时更好，张编修是小的同年，就望他去时也不多。

　　二人到那门首敲门道：编修相公有么？

　　小厮道：我相公不在家。

　　高丽来的秀才有么？

　　书房里坐的看文书里。

　　你入去说一说，每常来的沈进中和葛敬之教授两个，探先生来里。

　　相公，沈先生在门前里。

　　请么，沈先生。小人门前有客是谁？

　　葛教授探先生来里。

　　咳！惶恐！惶恐！请么，先生。

　　不敢！

　　何必如此？

　　主人先行客从之。

请坐。先生贵姓？

在下姓韩。

表德何似？

在下年幼，无德可表。在下名是彬，字文中。

春秋何似？

三旬有二。

贤尊令堂有么？

在下具庆。

你这东国历代几年？当初怎生建国来？

咱本国太祖姓王讳建，表德若天。年二十岁时分，唐昭宗乾宁三年，上泰封王，弓裔手下，做了铁原京太守。每番有大功劳，升做水军将军、波珍餐侍中。

恰说的是甚么官职？

侍中是这里丞相一般。那时节，弓裔无道，靡所不为。梁贞明四年三月里，将军裴玄庆、洪儒卜智谦、申宗谦等四个人，到太祖宅里商量道："弓王如此无道，怎受他苦，咱众人们特来报告，愿主公用心救百姓受苦。"太祖不准的其间，娘子柳氏出来说道："凭着大体例，征伐无道，自古有之。咱妇人家也听的这众人之言，心里疼杀，更是男子汉家怕甚么？"道罢，抬出金甲来，穿与太祖身上。众将军们扶持上马，着一个人前行，晓谕百姓们道："王公已举义兵了也！"百姓们听的欢喜无尽，擂鼓打锣，先到宫门前等的万千人。弓王搅撒了，穿着下次人的衣服，逃走在山里，后头打围的人们撞着射杀，便那一日即位布政殿，国号"高丽"。第二年移都松岳郡，便是如今王京城子。

咳！美哉！张编修有此好文官。古人道："君子不出户而知天下。"信然！

安置，韩先生。咱去也。

何须谦让，不当家吃些淡茶去不妨。先生且坐一坐。保童，疾快将茶来。小子没甚么乡产与先生，这的高丽笔墨和二十张大纸将去，人事与相识弟兄。

多谢！正是难得之物。咱秀才家，正是所用之物。这的便是，古人有言："卖剑卖与烈士，胭粉赠与佳人。"

西湖

挥使，你曾到西湖景来么？
我不曾到来。你说与我那里的景致么？

说时济甚么事，咱一个日头随喜去来。
然虽那们时，且说一说着。

我说与你，西湖是从玉泉里流下来，深浅长短不可量。湖心中，有圣旨里盖来的两座琉璃阁，远望高接青霄，近看时远侵碧汉。四面盖的如铺翠，白日黑夜瑞云生，果是奇哉！那殿一划是缠金龙木香停柱，泥椒红墙壁，盖的都是龙凤凹面花头筒瓦和仰瓦。两角兽头都是青琉璃，地基地饰都是花斑石，玛瑙幔地。两阁中间有三叉石桥，栏干都是白玉石，桥上丁字街中间正面上，有官里坐的地白玉石玲珑龙床，西壁厢有太子坐的地石床，东壁也有石床，前面放一个玉石玲珑酒桌儿。北岸上有一座大寺，内外大小佛殿、影堂、串廊，两壁钟楼、金堂、禅堂、斋堂、碑殿，诸般殿舍且不索说，笔舌难穷。殿前殿后，擎天耐寒傲雪苍松，也有带雾披烟翠竹，诸杂名花奇树，不知其数。阁前水面上，自在快活的对对儿鸳鸯，湖心中浮上浮下的是双双儿鸭子，河边儿窥鱼的是无数目的水老鸦，撒网垂钩的是大小渔艇，弄水穿波的是觅食的鱼虾，无边无涯的是浮萍蒲棒，喷鼻眼花的是红白荷花。官里上龙舡，官人们也上几只舡，做个筵席，动细乐大乐，沿河快活。到寺里烧香随喜之后，却到湖心桥上玉石龙床上，坐的歇一会儿。又上琉璃阁，远望满眼景致，真个是画也画不成，描也描不出。"休夸天上瑶池，只此人间兜率。"

普陀山

咱兑付些盘缠，南海普陀落伽山里，参见观音菩萨真像去来。这菩萨真乃奇哉，理圆四德，智满十身。洒悲雨于遐方，扇慈风于刹土。座饰芙蓉，湛南海澄清之水；身严璎珞，居普陀空翠之山。或做童男，或做童女，或现质梵王帝释，或分身居士宰官。以声察声，拯悲酸于六道；随相现相，救苦恼于三途。起浮屠于泗水之间，结草庐于香山之上，执杨柳于掌内，拂病体于轻安，倾甘露于瓶中，济险途于饥渴。面圆璧月，身莹琼环，齿排柯雪，眉秀垂杨。由是威神莫测，圣德难思，故得人天之喜跃，鬼神之欢欣。万民无搔扰之忧，百姓有安详之庆。若人有难，念菩萨名，速诣其处，救众生难，寻声救苦，应念除灾。

如是菩萨，不可不参。咱这众生知不知？作一切罪障，有千有万，咱也到佛所，诚心忏悔，后不复作。咱如今身己安乐时节，不修善时，如同禽兽之类。"一针投海底，尚有可得日，一失人身后，万劫再逢难。"

看耍马

午门外前看操马去来。夜来两个舍人操马，一个舍人打扮的：脚穿着皂麂皮嵌金线蓝条子、卷尖粉底、五彩绣麒麟柳绿绒丝抹口的靴子。白绒毡袜上，拴着一副鸦青段子满池娇护膝。衫儿、裤儿、裹肚等里衣且休说，刺通袖膝栏罗帖里上，珊瑚钩子系腰，五六件儿刀子，象牙顶儿，玲珑龙头解锥儿，象牙细花儿挑牙，鞘儿都全。明绿抹绒胸背的比甲，鸦青绣四花织金罗搭护，江西十分上等真结棕帽儿上，缀着上等玲珑羊脂玉顶儿，又是个鹔鹴翎儿。骑着一个墨丁也似黑五明马。鞍子是一个乌犀角边儿幔玳瑁，油心红画水波面儿的鞍桥子。雁翅板上钉着金丝减铁事件，红斜皮心儿、蓝斜皮细边儿、金丝夹缝的鞍座儿。黄獭皮软座儿。蓝斜皮细边刺灵芝草羊肝漆钻，银丝儿狮子头的花镫，狯皮心儿蓝斜皮边儿的皮汗替，大红斜皮双条辔头，带缨筒，鞦皮穗儿、鞦根都是斜皮的。攀胸下滴溜着一个珠儿网盖儿罕答哈。

又有一个舍人打扮的：白麂皮靴子，鸦绿罗纳绣狮子的抹口青绒毡袜上，拴着一对明绿绣四季花护膝。柳绿蟒龙织金罗帖里，嵌八宝骨朵云织金罗比甲，柳黄饰金绣四花罗搭护。八瓣儿铺翠真言字妆金大帽上，指头来大紫鸦忽顶儿，傍边插孔雀翎儿。骑着一个十分膘铁青玉面马。鞍子是雪白鹿角边儿，时样的黑斜皮鞍桥子，银丝事件。红斜皮心儿、蓝斜皮边儿的座儿。天青描金狮子鞯，底下垂下着两个青珠儿结串的驼毛肚带。白斜皮鞦皮辔头，攀胸下滴溜着珠结子的盖儿，野狗尾子罕答哈。

两个舍人打扮的风风流流，蹿的那马一似那箭，真个是好男儿。这的都是前世里休善积福来，因此上，今世里那般的自在。《易经》云："积善之家，必有余庆。"

《西游记》

我两个部前买文书去来。

买甚么文书去？

买《赵太祖飞龙记》《唐三藏西游记》去。

买时买四书六经也好，既读孔圣之书，必达周公之理，怎么要那一等平话？

《西游记》热闹，闷时节好看有。唐三藏引孙行者到车迟国，和伯眼大仙斗圣的你知道么？

你说我听。

唐僧往西天取经去时节，到一个城子，唤做车迟国。那国王好善，恭敬佛法。国中有一个先生，唤伯眼，外名唤"烧金子道人"。见国王敬佛法，便使黑心要灭佛教，但见和尚，便拿着曳车解锯，起盖三清大殿，如此定害三宝。一日，先生们做罗天大醮，唐僧师徒二人，正到城里智海禅寺投宿，听的道人们祭星，孙行者师傅上说知，到罗天大醮坛场上藏身，夺吃了祭星茶果，却把伯眼打了一铁棒。小先生到前面教点灯，又打了一铁棒。伯眼道："这秃厮好没道理！"便焦燥起来。到国王前面告未毕，唐僧也引徒弟去到王所。王请唐僧上殿，见大仙，打罢问讯，先生也稽首回礼。先生对唐僧说："咱两个冤雠可不小里！"三藏道："贫僧是东土人，不曾认得你，有何冤雠？"大仙睁开双眼道："你教徒弟坏了我罗天大醮，更打了我两铁棒，这的不是大仇？咱两个对君王面前斗圣，那一个输了时，强的上拜为师傅。"唐僧道："那般着。"伯眼道："起头坐静，第二柜中猜物，第三滚油洗澡，第四割头再接。"说罢，打一声钟响，各上禅床坐定，分毫不动，但动的便算输。大仙徒弟名鹿皮，拔下一根头发，便做狗蚤，唐僧耳门后咬，要动禅。孙行者是个胡孙，见那狗蚤，便拿下来磕死了。他却拔下一根毛衣，变做假行者，靠师傅立的。他走到金水河里，和将一块青泥来，大仙鼻凹里放了，变做青母蝎，脊背上咬一口，大仙叫一声，跳下床来了。王道："唐僧得胜了。"又叫两个宫娥，抬一个红漆柜子来，前面放下，着两个猜里面有甚么。皇后暗使一个宫娥，说与先生柜中有一颗桃。行者变做个焦苗虫儿，飞入柜中，把桃肉都吃了，只留下桃核，出来说与师傅。王说："今番着唐僧先猜。"三藏说："是一个桃核。"皇后大笑："猜不着了！"大仙说："是一颗桃。"着将军开柜看，却是桃核，先生又输了。鹿皮对大仙说："咱如今烧起油锅，入去洗澡。"鹿皮先脱下衣服，入锅里。王喝睬的其间，孙行者念一声"唵"字，山神、土地、鬼神都来了。行者教千里眼、顺风耳等两个鬼，油锅两边看着，先生待要出来。拿着肩膀丢在里面。鹿皮热的不当，脚踏锅边待要出来，被鬼们当住出不来，就油里死了。王见多时不出来，"莫不死了么？"教将军看。将军使金钩子，搭出个烂骨头的先生。孙行者说："我如今去洗澡。"脱了衣裳，打一个跟斗，跳入油中，才待洗澡，却早不见了。王说："将军，你搭去。行者敢死了也。"将军用钩子搭去，行者变做五寸来大的胡孙，左边搭右边躲，右边搭左边去，百般搭不着。将军奏到："行者油煎的肉都没了！"唐僧见了啼哭，行者听了跳出来，叫："大王，有肥皂么？与我洗头。"众人喝睬："佛家赢了也。"孙行者把他的头先割下来，血沥沥的腔子立地，头落在地上，行者用手把头提起，接在脖项上依旧了。伯眼大仙也割下头来，待要接，行者念"金头揭地，银头揭地，波罗僧揭地"，之后变做大黑狗，把先生的头拖将去。先生变做老虎赶，行者直拖的王前面丢了，不见了狗，也不见了虎，只落下一个虎头。国王道："元来是个虎精，不是师傅，怎生拿出他本像！"说罢，越敬佛门，赐唐僧金钱三百贯、金钵盂一个，赐行者金钱三百贯，打发了。

　　这孙行者正是了的！那伯眼大仙那里想胡孙手里死了！古人道："杀人一万，自损三千。"

打春

宋舍看打春去来？

我不去，其实怕看去。

我从来不曾看。

你休强，不要去。你自听我说，强如亲自看。那牛厂里，塑一个象一般大的春牛，妆点颜色。一托来长的两个机角，当间里按一个木头做的明珠，簸箕来大一对耳朵，十尺来长尾子，椽子粗的四条绳拴在牛车上，众人拖牵。前面彩亭里头，一个塑的小童子，叫做芒儿，牌上写着"勾芒神"，手拿着结线鞭，头戴耳掩，或提在手里，立地赶牛。顺天府官、司天台官、众官人们，街上两行摆着行，前面动细乐、大乐、吹角。第二一个十分可喜的沆沆，妆二郎爷爷。身穿皇袍，腰击白玉带，头戴袱头，脚穿朝云靴，手拿结线鞭，骑坐白马珠鞍。一个小鬼拿着大红罗伞，马前马后跟着的大小鬼卒不知其数。前面一个鬼拿着三丈来高的大旗号，上写着"明现真君"。后头又是个茶博士们，提汤灌的，拿茶碗、把盏的跟着。这般摆队伍行到鼓楼前面，朝动放着土牛，芒儿立在牛背后。"甚时几刻立春。"司天台家这般拣定时辰。相着地脉，放一堆灰。具服的官人们烧香等后的其间，地气正往上的时节，那灰忽然飞将起来。后头，才只那个太师家的、太保家的、丞相家的、公候家的，各自一火家，睁着眼，舍着性命，各拿棍棒，又是担杖，厮打着争那明珠。其中那一伙儿强的，把别的打的四分五落里东走西散。这般赶退了，忽跳上牛去，撮下那明珠，各饭店酒肆里绕着走。这般闹起来，打的打，躧的躧，这般战场里，干无来由做甚么去？常言道："好儿不看春，好女不看灯。"